基于大数据的商业银行信用风险识别及预警研究

曹婷婷　著

中国农业出版社
北　京

图书在版编目（CIP）数据

基于大数据的商业银行信用风险识别及预警研究 / 曹婷婷著. -- 北京 : 中国农业出版社，2024. 9.

ISBN 978-7-109-32443-5

Ⅰ. F832. 33

中国国家版本馆 CIP 数据核字第 2024P8A996 号

基于大数据的商业银行信用风险识别及预警研究

JIYU DASHUJU DE SHANGYE YINHANG XINYONG FENGXIAN SHIBIE JI YUJING YANJIU

中国农业出版社出版

地址：北京市朝阳区麦子店街 18 号楼

邮编：100125

责任编辑：姚 佳 王佳欣

版式设计：杨 婧 责任校对：吴丽婷

印刷：中农印务有限公司

版次：2024 年 9 月第 1 版

印次：2024 年 9 月北京第 1 次印刷

发行：新华书店北京发行所

开本：880mm×1230mm 1/32

印张：6.25

字数：175 千字

定价：88.00 元

本书获得国家社科基金重点项目（23AJY026）、山东省自然科学基金项目（ZR2023MG051）资助

前言

Foreword

随着互联网技术的深入发展，大数据运算等数字技术加速创新，日益融入经济社会的方方面面，数字技术带动下的产业形态以前所未有的速度蓬勃发展。2023 年中国数字经济规模高达 56.7 万亿元，同比名义增长率高达 12.94%，占国内生产总值（GDP）的比重高达 43.50%，数字经济发展机遇不断呈现。大数据技术为商业银行信用风险管理提供了新的可能性，大数据技术的运用不仅可以提高商业银行对信用风险识别和预警的准确性，降低不良贷款风险发生概率，推动银行业朝着可持续的方向发展，还可以帮助商业银行更好地应对数字银行时代的挑战，把握并应用大数据进行风险管理已成为传统商业银行业务转型升级的重要趋势。传统商业银行正处于数字化转型的关键时期，如何借助大数据分析技术提升信用风险建模水平，解决传统信用风险管理中的片面性、模糊性、主观性和滞后性问题，打造核心竞争力，是当前传统商业银行普遍面临的问题和迫切需求。在此背景下，本书聚焦大数据技术下的传统商业银行信用风险管理问题，通过文献研究、案例梳理、对比分析、实证检验等方法，对商业银行信用风险识别和预警做出有益探索。本书研究的核心内容从以下七个章节展开。

第一章是绪论。本章详细阐述了商业银行信用风险防控的现状、存在的痛点，提出了基于大数据的信用风险管理的必要性和可行性。目前，商业银行在信用风险防控中的痛点主要体现在如下几个方面：首先，近 20 年我国经济的快速发展助推了信贷需求的增加，商业银行为了满足客户的融资需求不断扩大信贷规模，信用风险也在不断积累。其次，随着宏观经济环境的不断变化和不确定性的增加，商业银行信贷业务风险也变得更加复杂和多样化。最后，信贷风险防控中存在信息不对称和信息不完全等问题，使得商业银行在进行信贷风险评估和决策时造成错误和偏差。大数据的应用在信用风险防控领域具有显著的优势，能够有效地疏通信用风险防控的堵点：一是大数据可以实现信用风险全流程的有效优化。二是利用大数据、人工智能等先进的科技方法，商业银行能够对各类来源的大量信息进行快速获取、整合与分析，提升风险评估的精准度，有助于商业银行作出更加科学、合理的信用风险判断与决策。三是凭借先进的模型算法和强大的计算能力，大数据与人工智能技术的深度融合能够优化传统的静态分析和预测判断方式，打造出实时响应的动态模型，极大地提升信贷风险防控的效率。

第二章是相关概念、文献综述及理论基础。本章详细介绍了大数据、信用风险等相关概念，通过梳理与信贷风险评估相关的文献素材，总结现有信用风险评估方法，对大数据的特征、大数据信用风险防控原理做详细阐述。长期以来，传统的信用风险评估主要运用专家评分、多变量线性识别等主观评估方法，该类方法无法实现对贷款真实风险的量化分析，仅能起到对贷款的后续监管作用，无法对贷款的真实风险做出即时反应。近年，随着个人征信、消费行为等方面的数据采集和建模分析方法日益成熟，以大数据为基础的机器学习算法被引入商业银行信用风险评估当中。针对海量数据的机器学习算法有很多种，从发展历史来看，可以将其划分为两种类型，即非指导式和有监督式两大类，在这些类型当中，树模型和神经网络模型最为常见。人工神经网络是一种基于大数据的信息处理方法，该方法在当代神经生物学研究结果的基础上，结合数学和信息处理方式，对生物脑的结构与功能进行仿真，能够实现对采样数据的自动采集、非线性映射，能够根据系统本身的复杂性，在持续的学习过程中实现对多个节点之间的关联进行自适应调节，最终将输入和输出的对应关系用特殊的网络结构表示出来，实现对数据的处理。迄今为止，仍然没有一种算法能够在模型效果、可解释性和样本量要求中均取得最优，在建模过程中需要结合数据特点及业务实际情况选择合适的建模方法。

第三章是商业银行信用风险现状及成因分析。本章首先详细分析了2014—2023年我国商业银行信用风险的总体状况，对国有大型银行、股份制商业银行、城市商业银行、农村商业银行、外资银行、民营银行的信用风险现状进行了对比分析，对区域性中小商业银行信用风险较高的主要原因做了分析。近十年，国内商业银行关注类贷款余额、不良贷款余额均呈现逐年增长的态势。就不同类型的商业银行而言，以城市商业银行和农村商业银行为代表的区域性中小商业银行的不良贷款率指标较高，拨备覆盖率和资本充足率相对较低。截至2023年末，城市商业银行的不良贷款率高出商业银行平均水平0.08个百分点；农村商业银行的不良贷款率高出商业银行平均水平1.67个百分点。与国有大型银行、股份制银行等全国性银行相比，区域性中小商业银行的信用风险问题更加突出，主要原因可以从银企紧密依存关系、银政紧密依存关系、贷款“三查”问题、区域信用环境问题、主观审查问题等几个方面做深度剖析。

第四章是商业银行信用风险建模方法详述及对比。本章对商业银行信贷风险评估的专家评分法，基于 Logistic 回归的信用风险评分卡方法，基于大数据的机器学习方法中常用的决策树模型、神经网络模型等方法进行介绍，对比总结大数据框架下各种信贷风险识别和评估方法的优劣。各种信用风险评估方法在精准程度、可解释性和复杂程度等方面各有利弊，适用于不同的情况。专家评分法一直是商业银行信用风险管理中主要的方法之一，它主要依赖专家经验判断，模型结构简单，对数据的要求低，适用范围广，在没有数据积累的情况下，通常需要使用专家评分的方式开发信用评分卡。随着业务数据的积累，逻辑回归、神经网络等机器学习方法逐渐成为主流，这些方法可以更准确地捕捉数据之间的复杂关系，但需要更多的数据积累和更复杂的模型运算。在实际应用中，需要根据具体情况选择合适的信用风险评估方法，既考虑模型的精准度和可解释性，也要考虑数据可获取情况、业务发展的阶段和资源限制等因素。迄今为止，还没有一种算法能够在模型效果、可解释性和样本量要求等方面都达到最优，单一的信用风险评估模型不能统一兼顾稳定性与准确性，在这种情况下，混合模型法可以作为一种中间选择。因此，在建模过程中，需要根据数据和业务实际情况选择合适的建模方法。

第五章提出了利用大数据技术构建商业银行信用风险

识别和预警的系统方案，以案例的形式对基于 Logistic 回归和 BP 神经网络的大数据信贷风险识别及预警混合模型等进行了解析和详述。本章通过案例解析的方式对基于逻辑回归的评分卡建模的数据获取和整合、探索性数据分析与数据准备、变量选择、模型训练及开发、模型评估、评分卡创建、模型应用作详细介绍。通过案例的形式构建基于 Logistic 回归和 BP 神经网络的组合预警模型，详细解释和说明混合模型的设计原理，通过搭建商业银行信用风险评估体系，兼顾 Logistic 回归和 BP 神经网络模型的优点，以解决信用风险评估模型在准确性和稳定性上的兼顾问题。本章通过案例的形式还对基于决策树的违约决策案例进行了详细分析，重点从决策树路径变量的构建、决策树路径变量的降维、基于决策树的客户违约判别模型构建、基于决策树的违约判别建模解析几个角度展开。

第六章是不同类型商业银行在信用风险管理方面的案例研究。本章涵盖国有商业银行、股份制商业银行、城市商业银行、农村商业银行、外资银行以及民营银行等不同类型商业银行的典型案例，通过案例背景介绍、信用风险管理状况分析、风险评估体系介绍、风险处置方法和启示等内容，探讨不同类型商业银行信用风险识别、预警和管理状况。

第七章是基于大数据的信用风险建模提出改进建议。

本章对以往研究进行了总结，并提出了商业银行在信用风险管理方面的改进建议，最后，面对数据资产化的新机遇，从数据资产化的机遇和挑战、数据资产应用的实施路径、数据资产评估方法、数据资产交易步骤、数据资本化等方面，提出加快数据资产化的对策建议。

在信贷风险防控体系中，大数据的应用起到纾解痛点的关键作用。在传统的信贷风险防控体系中以定性风险管理为主，客户信用评级是关键核心，并且常常依赖于授信审批人的主观经验，这种模式存在数据获取的维度不够广泛，缺乏足够的定量分析能力，用户特征难以精确化分析，缺乏前瞻性和防控滞后等诸多缺陷。面对当前数字化浪潮的挑战，商业银行的信贷风险防控体系亟待升级，金融科技的应用为解决这些痛点提供了行之有效的解决办法。首先，大数据技术可以帮助商业银行整合内外多角度、多维度的数据，能够更全面地对客户进行画像，提升风险评估的精准度，降低传统模式下的风险隐患。其次，凭借先进的模型算法和强大的计算能力，大数据与人工智能技术的深度融合能够优化传统的静态分析和预测判断方式，打造出实时响应的动态模型，极大地提升信贷风险防控的效率。因此，大数据的应用为信贷风险防控体系带来了重要的改变，有效地纾解了传统模式下存在的痛点。通过充分利用大数据和人工智能技术，商业银行可以更加全面、准确地评估客户，实现更高效的信贷风险防控。基于大数据技术的商业银行信用风险识别及预警研究不仅具有理论意义，更是对金融行业未来发展方向的探索，具有重要的实践意义。

著　者

2024 年 3 月

目　录
Contents

第一章 绪论

随着数字经济的迅猛发展，商业银行的业务规模不断扩大，但同时也面临着信贷风险管理复杂性和风险性增加的问题，传统的信贷风险管理模式已经不能完全满足金融市场的需求，特别是在信息获取、风险评估和预警机制等方面存在明显不足，基于大数据技术的商业银行信用风险识别及预警成为业界关注的焦点。本章对基于大数据的商业银行信用风险识别及预警的研究背景、研究意义、研究内容、研究方法进行介绍，为后续章节做铺垫。

第一节 研究背景

数字经济时代的大数据浪潮引领生产和生活方式深刻变革，为商业银行信用风险管理提供了新的可能性，大数据技术的运用不仅可以提高商业银行对信用风险识别和预警的准确性，而且将推动银行业向更加可持续的方向发展。

一、数字经济时代的大数据技术浪潮

随着互联网技术的深入发展，5G、大数据运算、人工智能、云计算、区块链等数字技术加速创新发展，日益融入经济社会的方方面面。数字技术带动下的产业形态以前所未有的速度蓬勃发展，其影响程度之深、辐射范围之广超乎人们想象，引发了社会

思维方式、经营管理模式、市场格局的深刻变革，数字技术正成为重塑全球经济结构、重组全球要素资源、改变全球竞争格局中发挥举足轻重作用的关键力量。

2017—2023年，数字经济在中国GDP中所占比重逐年提高。2023年中国数字经济规模高达56.7万亿元，同比名义增长率高达12.94%，占GDP的比重高达43.50%，已连续12年显著高于同期GDP名义增速，数字经济发展机遇不断呈现（图1-1）。《数字中国发展报告（2023年）》数据显示，2023年中国数据生产总量达32.85泽字节（ZB），同比增长22.44%；2023年中国移动互联网接入总流量0.27泽字节，同比增长15.20%，数据流量规模持续增长；2023年超10个省（自治区、直辖市）上线公共数据运营平台，超20个省（自治区、直辖市）成立专门数据交易机构。2023年，中国数字经济核心产业增加值占GDP的比重达10%；网上零售额高达15.42万亿元，同比增长11%；累计建成“灯塔工厂”62家，在全球占比40%；商务部重点监测平台交易额全年增幅达到30%，全年农村网络零售额高达2.49万亿元。《2023年中国数据交易市场研究分析报告》显示，2022年中国数据交易市场规模为876亿元，预计到2025年中国数据交易市场规模将达到2 046亿元。国际数据公司（international data corporation，IDC）预计，到2025年末中国产生的数据总量将高达48.6泽字节，预计届时中国产生的数据量将高出同期美国市场数据量18泽字节。总体而言，中国数字经济、平台经济作用不断增强，“数字中国”赋能效应更加凸显，数字经济保持稳健增长。

党的十八大以来，国家持续加大新型信息化基础设施建设力度，以5G、人工智能、大数据等为代表的新兴数字化信息技术加速发展，引发了社会思维方式、经营管理模式、市场格局的深刻变革。随着数字经济和大数据技术的蓬勃发展，商业银行在信用风险管理上面临着前所未有的挑战。数字化转型带来了更多的机遇，但也伴随着信用风险更加直接且复杂化问题，因此，如何利

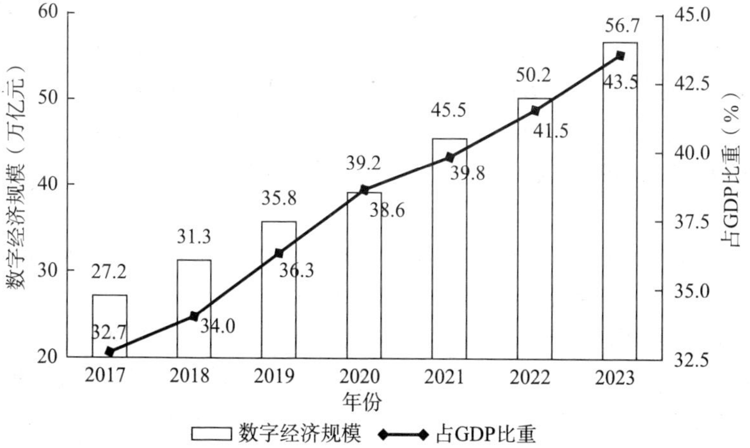

图 1－1　2017—2023 年中国数字经济规模

数据来源：《中国数字经济发展白皮书》（发布单位：中国信息通信研究院）。

用大数据技术来准确识别和及时预警信用风险，已经成为当前亟须解决的重要问题。

首先，数字经济时代的大数据浪潮带来了全新的生产和生活方式变革，这种变革正深刻地影响着商业银行及其对金融风险的管控。大数据不仅改变了商业银行的业务运作方式，还使得信用风险管理变得更加复杂和关键，数字化转型所带来的挑战使得对信用风险的准确识别和及时预警成为当务之急。

其次，商业银行在把控金融风险方面发挥着不可或缺的作用，其中信用风险的识别与预警尤为关键。近年，随着大数据技术的不断演进，商业银行面临着更多的机遇和挑战。数字化转型的趋势使得商业银行更加依赖大数据分析来应对信用风险，因此，对商业银行信用风险的研究和探索迫在眉睫，需要被置于重要议程之上。

最后，大数据技术为商业银行信用风险管理提供了新的可能性。随着互联网的普及和信息技术的发展，大数据已经成为金融行业不可或缺的资源[①]。党的十八届五中全会提出在“十三五”期间推行网络强国和国家大数据战略；党的十九大报告强调大数据、互联网与人工智能等技术的深度融合，提出要建设数字中国。在这样的背景下，大数据技术的运用不仅可以提高商业银行对信用风险识别和预警的准确性，还可以帮助商业银行更好地适应数字化银行时代的挑战，推动整个金融行业向着更加可持续的方向发展。

本书旨在深入研究基于大数据技术的商业银行信用风险管理，以有效应对数字化转型带来的风险挑战。第一，提升信用风险管理水平有助于银行更好地适应数字银行时代，从而保障其业务的稳健发展。第二，借助大数据技术，可以提高信用风险预测的准确性和时效性，从而降低不良贷款风险，推动整个金融行业朝着更加可持续的方向发展。

二、商业银行信用风险识别和预警

一直以来，金融创新与适度监管始终是困扰金融界的难题，金融风险科学化、精细化管理、宏观审慎监管已是大势所趋。商业银行在经营活动中面临着各种金融风险，其中信用风险的占比最高，成为其风险管理中面临的关键问题。在大数据背景下，国内外众多金融技术企业在客户精细化营销与风险控制等领域均已取得较好的成效，把握并应用大数据进行风险管理已是其业务转型升级的一个重要趋势。商业银行正处于数字化银行转型的关键时期，如何借助大数据分析技术提升信用风险建模水平，解决传

① 随着互联网的快速普及，信息技术与人类生产生活深度融合，数据呈现爆发增长、海量集聚等特点，对经济发展、社会进步、国家治理、人民生活产生了重大影响。2015年，党的十八届五中全会提出“实施国家大数据战略”；2017年，党的十九大提出，“推动互联网、大数据、人工智能和实体经济深度融合”。2022年1月，《“十四五”数字经济发展规划》指出，“合理推动大数据、人工智能、区块链等技术在银行、证券、保险等领域的深化应用”。近几年，随着大数据、云计算、区块链等基础技术的迅速发展，金融科技在银行业务领域的应用更加广泛，技术进步正在引领商业银行未来的发展方向。

统信用风险管理中的片面性、模糊性、主观性和滞后性问题，打造核心竞争力，是当前商业银行普遍面临的问题和迫切需求。

1. 信用风险防控环节

在整个贷款过程中，信贷风险控制是一个非常关键的环节。信贷风险涉及贷前调查、贷中审批和贷后管理等环节，贷前环节中的贷款受理，贷中环节中的贷款发放和贷后环节中的贷款结算都存在着对信用风险的控制点。其中，在贷款前期准备工作中，主要包括客户资信评估、风险评估、抵押物与担保评估以及授信审批等；贷中环节，主要是执行信贷条款，严格执行信贷业务；在贷后阶段，就是对贷款的流向进行监控，对贷后的风险进行预警，对抵押品进行盘存（程刚等，2019；白云，2022）。详细的信贷风险防控流程如图 1－2 所示。

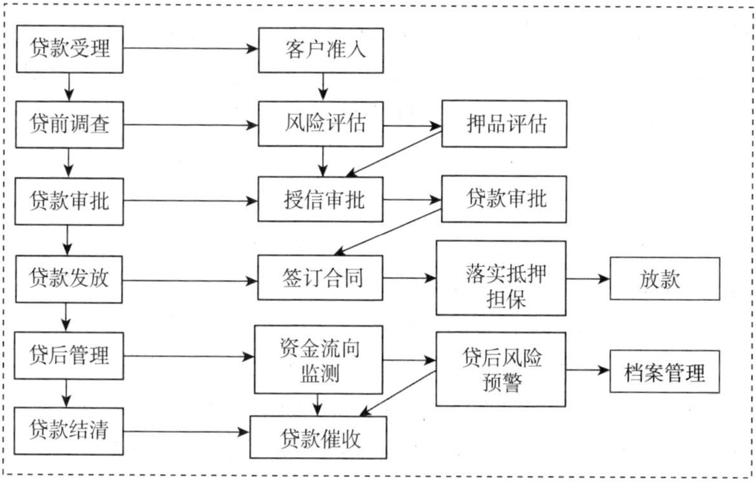

图 1－2　商业银行信贷风险防控流程

在贷前环节，商业银行通过多种方式进行综合调查，以确保对借款人的全面了解。这些方式包括面谈、走访，以及查询权威网站等途径。通过这些手段，对借款人提供的基本信息，征信情况，财务经营情况，关联情况，抵押物、质押物、担保状况，以及还款能力等方面进行深入调查、分析和判断。这样的严格审查流程有助于确定客户主体资格、核实贷款真实性，并且有效地把好客户准入关，从而切实做好防控信贷风险的第一步。

在贷中环节，商业银行的授信审批人员会根据借款人提交的申报资料和客户经理撰写的调查报告，遵循国家法律法规、监管部门监管要求，以及商业银行相关信贷规章制度等，对贷前环节所获取的各类资料、信息进行进一步的分析、排查、判断、验证、核查。这样的严格审查过程有助于保障信贷资料的完整性和齐备性，确保财务数据的真实性，核实担保关系和抵押物、质押物的有效性，以及验证调查报告的合规性和可靠性。

在贷后环节，贷后风险控制主要包括三个方面：首先，是对贷款用途的追踪，通过验证借款人提供的支付凭证和交易流水真实性，核实每笔贷款是否按照合同约定的用途使用。其次，要不断地掌握借款人的财务状况、经营情况、行业情况以及上下游的履约状况，并对发生的重要变动进行重点关注。同时，还要对借款人的融资总量、抵押物或质押物情况、存货状况、担保人情况、中国人民银行征信报告、相关法院诉讼和舆论情况进行监测，从多个方面来判定借款人的还款能力（程刚等，2019）。最后，及时、有效地进行贷后管理，对出现的预警问题早检测、早发现、早披露、早处理，以保障商业银行在贷款发放后能够及时调整风险防控策略，并采取必要的措施防范潜在的信用风险。

在整个信贷业务流程中，各个环节相互衔接，形成了一张密不可分的网，以确保商业银行在面对信用风险时能够及时发现、有效应对，从而保障资产质量和经营稳健。这一全面而系统的信用风险防控体系，对于商业银行来说至关重要，不仅有助于降低不良资产的风险，还能提升银行的营利能力和市场竞争力。

2. 信贷风险防控中的难点

信贷风险防控中的难点主要体现在以下几个方面。

首先，随着经济的快速发展，全国商业银行信贷业务规模不断扩大。经济增长助推了信贷需求的增加，商业银行为了满足客户的融资需求，不断扩大信贷规模。然而，随着经济增速放缓和供给侧结构调整的影响，不良贷款余额及不良贷款率也呈现出增长趋势。这一趋势表明，商业银行在不断扩大信贷业务规模的同时，也面临着信用风险不断积累的挑战。

其次，随着金融市场的不断变化和不确定性的增加，商业银行信贷业务的风险也变得更加复杂和多样化。经济周期的波动、市场供求关系的变化、政策环境的调整等因素都可能对信贷业务产生重大影响，从而增加了信贷风险的不确定性。商业银行需要更加灵活并及时地应对这些变化，才能有效地防范和控制信贷风险。

再次，信贷风险防控中存在信息不对称和信息不完全问题。在信贷业务中，借款人往往掌握着更多的信息，而商业银行则很难获取到准确、全面、及时的客户信息。这种信息不对称和不完全性使得商业银行在进行信贷风险评估和决策时面临更大不确定性，容易导致对信贷风险的错误判断和不良资产的积累。

最后，商业银行在信贷风险防控中还面临着监管政策和制度安排的不断变化和调整。随着监管部门对金融市场的监管力度不断加大，商业银行需要不断调整和完善自身的风险管理体系，以确保符合监管要求，并且能够及时应对监管政策变化带来的影响。这种不确定性和变化性也增加了商业银行在信贷风险防控中的难度。

图 1-3 展示了商业银行不良贷款余额在过去几年的变化趋势。2014—2021 年，全国商业银行不良贷款余额总体呈现明显的上升态势，从 2014 年的 8 426 亿元增长至 2021 年的 28 470 亿元。这一持续增长的趋势表明了信贷市场风险的逐渐积累，商业银行在信贷业务中面临的挑战与压力也随之增加。同时，不良贷款率也呈现出类似的上升趋势。从 2014 年的 1.25% 上升至 2021 年的 1.73%，这意味着在过去几年中，相对于总贷款额，不良贷款所占比例有所上升。这可能是由于经济环境的不确定性增加、企业经营风险累积、信贷市场监管不到位等因素共同造成的。不良贷

款率的上升反映了商业银行在信贷风险管理方面的一些挑战，需要采取有效措施加以应对，以维护金融体系的稳定性和健康发展。

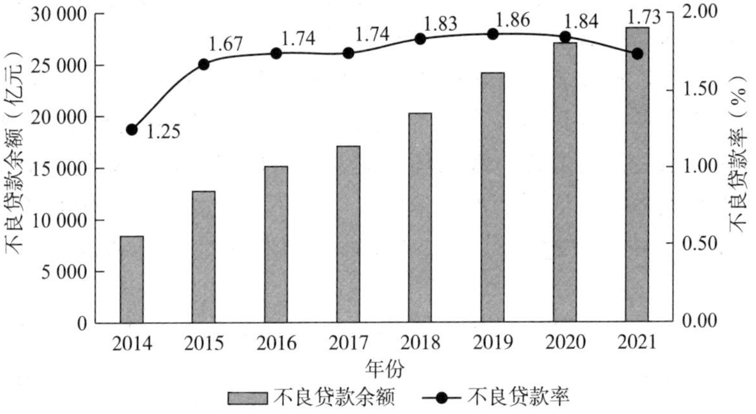

图 1－3　2014—2021 年商业银行不良贷款余额及不良贷款率

数据来源：中国银行保险监督管理委员会 2014—2021 年各年度主要监管指标数据。

3. 大数据技术背景下的商业银行信用风险

随着数字经济的快速发展，商业银行在传统信贷风险防控方面面临着越来越多的问题和挑战。传统的信贷风险管理模式主要以人的管理为主导，按照商业银行的组织层级将贷前、贷中、贷后三个环节分开，以支行客户经理负责营销、贷前调查和贷后跟踪管理为主，分行、总行则分别负责授信、贷款的审核和审批。这种管理模式在一定程度上适应了早期银行经营管理的特点，并取得了一定的成效。然而，随着数字经济的深化发展，传统信贷风险管理模式所面临的问题逐渐凸显，主要表现在以下几个方面。

首先，由于信息资源的分散，使得客户经营情况数据的获得和核查变得艰难，为更好地评价和把握顾客风险状态，各家银行必须通过各种渠道、多种形式对顾客的数据进行跟踪收集（程刚等，2019）。但由于我国政府机构之间的数据公开水平较低，不同银行之间的公共数据无法进行有效的共享，导致一些风险控制的动态信息的跟踪需要向用户获取。目前，我国银行业存在着较大的信息不对称问题，也加剧了我国银行业与金融机构之间的“信息孤岛”现象。商业银行所拥有的大部分资料都是建立在某一特定时间点上的静态财务和经营数据，很难真正地体现企业的实时经营状况。由于市场高频交易及便捷的资讯传递，借贷方所掌握的资讯变动速度快，且可获得的资料来源各异，造成银行信息获取的滞后。另外，数据获取的费用比较高，使得商业银行难以获得可以有效控制信贷风险的信息。上述问题给商业银行信用风险带来了困难和挑战（白云，2022）。

其次，贷款审核中的主观因素较强，缺乏有效的风险度量方法。在贷中信贷审批阶段，银行作为审批人对贷款申请人能否得到贷款有很大的决定权（白云，2022）。但是，审批人的个人整体能力各不相同，对行业背景、法律法规、企业舆情、集团关系、监管处罚等信息的获取和了解不全面，贷款审批过分地依靠自己的经验和风险喜好，不能给出一个标准统一、公平客观的审批结果。虽然以国有大型银行为代表的部分商业银行构建了相应的数据模型，但是大多数的研究都是以具体的域、时、空等作为筛选标准，并没有深入到基础研究中去（白云，2022）。现有方法没有对担保圈、群体关系和供应链等数据进行深度挖掘，造成预警数据单一、模糊，无法满足大数据应用的需求。由于缺少一种有效的度量方法，商业银行很难在贷款审核阶段对贷款申请方进行充分、客观评价，从而加大了贷款的不确定性和风险性。

此外，我国银行业存在着贷款后风险跟踪困难、信贷预警体系不健全等问题。面对客户数量庞大、抵押物种类繁多、信贷产品设计复杂、跟踪周期较长等一系列的贷后风险控制特征，在信贷风险贷后管控工作中客户经理遇到极大的困难和挑战，常常出现贷后风险识别的形式化难题（白云，2022）。当前，以融资流监控、抵押物或质押物人为价值评价为核心的贷后风险预警机制还没有从周期管理、关系图谱、抵押物或质押物溯源等多个层面上对其进行深入研究，缺少一套完整、高效的预警方法。现有的预警方法穿透性不足，当出现严重的突发事件时，银行常常会出现反应迟缓，难以采取有效措施，造成金融危机的加剧。如何对贷款后的风险进行快速监测并对其进行有效的预警，是目前我国银行业面临的一个重要挑战。

在大数据技术背景下，商业银行信用风险管理面临着前所未有的机遇和挑战。随着数字经济的迅猛发展，商业银行的业务规模不断扩大，但同时也面临着信贷风险管理的复杂性和风险性增加。传统的信贷风险管理模式已经不能完全满足金融市场的需求，特别是在信息获取、风险评估和预警机制方面存在明显不足。因此，基于大数据技术的商业银行信用风险识别及预警成为业界关注的焦点之一。通过大数据技术的应用，商业银行可以更加准确地评估客户信用风险，实现精准营销和风险管控，从而降低不良贷款率，提高金融市场的稳定性和可持续发展性。因此，深入研究基于大数据技术的商业银行信用风险识别及预警对于促进金融行业的创新发展和风险管理水平的提升具有重要意义。

第二节　研究意义、研究内容和研究方法

基于大数据技术的商业银行信用风险识别及预警研究不仅具有理论意义，更是对金融行业未来发展方向的重要探索。本书综合运用文献研究法、实证模型法、案例分析法、归纳总结与对比分析法等方法，详细介绍了大数据相关概念，梳理了与信贷风险评估方法相关的文献素材，总结了现有信用风险评估模型，对不同类型商业银行信用风险现状进行对比，以案例的形式分享了利用大数据技术构建商业银行信用风险识别和预警的系统方案。

一、研究意义

本书研究话题的核心目标在于深入探究基于大数据技术的商业银行信用风险识别及预警，以有效应对商业银行数字化转型所带来的风险挑战。首先，提升信用风险管理水平对于银行来说具有重要意义，这有助于商业银行更好地适应数字时代的到来，从

而确保业务的稳健发展。其次，通过应用大数据技术，商业银行可以提高信用风险预测的准确性和时效性，降低不良贷款风险发生率，进而推动整个金融行业朝着更加可持续的方向发展。因此，基于大数据技术的商业银行信用风险识别及预警研究不仅具有理论意义，更是对金融行业未来发展方向的重要探索，具有重要的实践意义。

在信贷风险防控中引入大数据建模方法具有重要的可行性和必要性。首先，随着金融业务的复杂化和信息化程度的提高，传统信用风险评估方法已经不能满足对风险准确识别和有效防控的需求。大数据技术可以帮助商业银行处理庞大的数据量，从而更全面、更及时地分析客户的信用状况和风险特征，为风险防控提供更加精准的数据支持。其次，大数据技术具有高度的灵活性和可扩展性，可以整合多个数据源，包括客户的交易数据、社交媒体数据、行为数据等，为银行提供更全面、多维度的客户画像，从而更好地识别潜在风险因素。此外，大数据技术还可以结合机器学习和人工智能算法，通过对历史数据的分析和学习，不断优化风险模型，提高风险预测的准确性和精确度。因此，将大数据建模方法引入信贷风险防控中是一种切实可行的举措，可以帮助商业银行更好地应对复杂多变的市场环境，保障金融业务的稳健发展。

1. 必要性

随着金融科技的不断创新，传统金融业务正面临着前所未有的挑战和改变。微信银行、手机银行等线上金融产品的涌现，加速了金融业务的自助化和线上化进程，为用户提供了更加便捷的金融服务体验。这些创新产品不仅改变了用户的金融习惯，也促使传统银行加快了数字化转型的步伐，不断提升服务水平和竞争力。在这样的背景下，商业银行信用风险防控面临着新的挑战和机遇。作为金融行业最为关键的一环，信用风险防控需要与时俱进，采用更加先进的技术手段和方法来提高效率和准确性。借助大数据、云计算、区块链、人工智能等金融科技的高速发展，传统的风控方式正在经历数字化和智能化的转型，金融科技智能风控应运而生。例如，大数据技术可以帮助银行更全面、更及时地获取和分析海量数据，从而更准确地识别和评估客户的信用风险。云计算技术可以提供高效、灵活的计算和存储资源，为风险管理提供强大的技术支持。区块链技术则可以确保数据的安全性和可信度，防止数据篡改和泄漏。人工智能技术可以通过机器学习和数据挖掘等方法，不断优化风险模型，提高风险预测的准确性和精确度。因此，商业银行信用风险防控需要积极拥抱金融科技的发展，不断引入和应用新技术，提高风险管理水平和效率，以应对日益复杂和多变的市场环境，为金融业务的稳健发展保驾护航（表 1-1）。

表 1-1　商业银行传统风控与金融科技风控对比

类别	金融科技风控	传统风控
风控模型	以模型、策略体系自动分析决策为主，人工审核为辅	以人工审核为主，主要依靠专家经验
数据来源	除传统风控数据来源外，增加第三方数据、线上线下多维度数据	公司内部资料、中国人民银行征信资料、客户提交资料
数据维度	特征数量大，以基本信息、行为特征信息为主的弱变量信息为主	特征数量小，以基本信息为主的强变量为主
数据关联性	数据关联度高，可交叉验证	数据关联度低
模型设定	以深度学习、集成学习模型为主，可供应相关关系	以线性模型为主，因果关系强

资料来源：零壹智库等（2022）。

信用风险防控引入金融科技也是商业银行应对复杂市场形势的必然选择。随着我国经济迅速发展和居民生活水平不断提高，客户对金融产品的需求也日益呈现出多样化、个性化和智能化的趋势。在这样的市场背景下，商业银行必须不断创新，以满足客户不断增长的需求，提升服务水平和竞争力。因此，引入金融科技成为商业银行应对复杂市场形势的必然选择。各大商业银行纷纷制定金融科技战略，并积极布局相关业务，以推动金融业务的创新和发展。特别是智慧信贷类产品的推出，进一步彰显了商业银行对金融科技的重视和投入。这种竞争格局不仅体现在银行之间的竞争，还包括银行与互联网科技公司之间的竞争，为了赢得更多市场份额和用户资源，双方都在不断探索和尝试。在大数据、人工智能、生物识别等新技术的助力下，第三方支付平台如支付宝和微信等也迅速崛起。它们以其开放式、场景化和便捷性的客户体验，吸引了大量用户的青睐，对传统商业银行构成了一定的竞争压力。面对这种挑战，商业银行必须加快步伐，构建更加智能化、便捷化的金融服务体系，以抢占市场先机并保持竞争优势。头部互联网企业相继搭建智能风控体系，商业银行信用风险防控体系的变革势在必行。借助新兴技术的不断涌现，商业银行将加速智能风控体系的搭建，以提高风险管理的水平和效率，同时为客户提供更优质、更便捷的金融服务（表1-2）。

表1-2 金融科技战略及智慧类信贷产品

市场主体	金融科技总体战略	个人信贷产品	小微企业信贷产品
中国工商银行	打造“数字工行”	工银融e借	小微e贷
中国农业银行	推进数字化转型，再造一个农业银行	网捷贷	微捷贷
中国银行	坚持科技引领、创新驱动，持续推动全行数字化转型	中银e贷	中银企e贷
中国建设银行	金融科技作为“三大战略”之一，推进TOP+战略，践行新金融，开启第二发展曲线	快贷	小微快贷
招商银行	打造金融科技银行	消费贷	生意贷
平安银行	打造国内领先的数字化银行，建设数字化银行、生态银行、平台银行	新一贷	税金贷
中信银行	推进全面数字化转型	信秒贷	POS商户网络贷

资料来源：网络信息整理。

2. 可行性

大数据的应用在信用风险防控领域具有显著的优势，能够有效地疏通信用风险防控的堵点和难点。信用风险通常是由银企双方的不完全信息引起的，也就是“信息孤岛”。但是，随着大数据的出现，这种情况发生了很大的变化，为商业银行的发展带来了更为全面、准确和实时的信息支撑。首先，利用大数据对信用风险的整个过程进行有效优化。通过对大数据进行聚合、融合、分析、判断，并对其进行深度挖掘，从而达到对借款人进行精确分析、构建用户画像的目的。这种精确的剖析，既可以加强对信用风险的防范，又可以给顾客带来更加个性化的金融服务，发掘顾客潜力，增强其在行业内的竞争力。其次，利用大数据可以有效地克服商业企业在经营过程中存在的信息不充足、不真实、不能实时更新等问题。利用大数据、人工智能等先进的科技方法，商业银行能够对各类来源的大量信息进行快速获取、整合与分析，其中包含了借款人的个人信息、财务状况、交易记录等。这种全面的信息资源分析有助于银行作出更加科学、合理的信用风险判断与决策。所以，依托金融科技的核心技术，如大数据和人工智能，银行能够实现信用风险防控的全面升级。大数据技术提供了更广泛的信息源、更快速地运算速度和更宽泛的应用领域，为银行提供了更全面、充分的资源资讯，从而实现更为科学、有效的信用风险管控。

在信贷风险防控体系中，大数据的应用起到纾解痛点的关键作用。在传统的信贷风险防控体系中以定性风险管理为主，客户信用评级是关键核心，并且常常依赖于授信审批人的主观经验，这种模式存在诸多缺陷。首先，数据获取的维度不够广泛，无法全面评估客户。其次，缺乏足够的定量分析能力，难以准确判断风险。最后，用户特征难以精确化分析，导致风险评估的准确性不足。此外，传统的信贷风险评价模型往往依赖于借款人的历史信息，缺乏前瞻性，容易导致防控滞后。面对当前数字化转型的挑战，商业银行的信贷风险防控体系亟待升级，金融科技的应用为解决这些痛点提供了行之有效的办法。首先，大数据技术可以帮助商业银行整合内外多角度、多维度的数据，能够更全面地对客户进行画像，提升风险评估的精准度，降低传统模式下的风险隐患。其次，凭借先进的模型算法和强大的计算能力，大数据与人工智能技术的深度融合能够优化传统的静态分析和预测判断方式，打造出实时响应的动态模型，极大地提升信贷风险防控的效率。因此，大数据的应用为信贷风险防控体系带来了重要的改变，有效地纾解了传统模式下存在的痛点。通过充分利用大数据和人工智能技术，银行可以更加全面、准确地评估客户，实现更高效的信贷风险防控，从而提升整体的风险管理水平。

二、研究内容

近年，随着大数据、云计算、区块链等基础技术的迅速发展，金融科技在银行业务领域的应用愈加广泛，技术进步正在引领商业银行未来发展方向。商业银行正处于数字化转型的关键时期，如何充分利用大数据分析技术提升信用风险管理水平，解决传统信用风险管理中的片面性、模糊性、主观性和滞后性问题，成为当前商业银行普遍面临的挑战。因此，本书研究的目标是深入探讨如何基于大数据技术改进商业银行的信用风险管理，以提升其核心竞争力。本书研究的核心内容从如下几个方面展开。

第一章是绪论。本章旨在介绍基于大数据的信用风险识别方法的研究背景、研究意义和研究方法。除此之外，还详细阐述了商业银行信用风险防控的现状、存在的难点和痛点，以及引入金融科技的必要性及可行性。最后，提出本书的研究内容、研究方法和研究框架。

第二章是相关概念、文献综述及理论基础。在相关概念部分，详细介绍了大数据、信用风险等相关概念。在文献综述部分，通过梳理与信贷风险评估方法相关的文献素材，总结现有学者基于传统信贷风险评估方法的研究成果，以及基于大数据方法的信用风险评估方法，并对两大类方法做对比。理论基础部分分析了大数据的特征、大数据信用风险防控原理、大数据在信用风险管理中的应用以及大数据的技术层次等。

第三章是商业银行信用风险现状及成因分析。在这一章节中，首先详细分析了2014—2023年我国不同类型商业银行信用风险的总体现状；其次，对国有大型银行、股份制商业银行、民营银行、农村商业银行与城市商业银行的信用风险现状进行对比。

第四章是商业银行信用风险建模方法详述及对比。本章首先介绍了商业银行信贷风险评估的专家评分法、基于 Logistic 回归的信用风险评分卡方法。随后，详细介绍了基于大数据的机器学习方法中常用的决策树模型、随机森林模型、支持向量机、神经网络模型等。最后，对各大类方法进行详细对比，总结大数据框架下各种信贷风险识别和评估方法的优劣。

第五章是以案例的形式提出利用大数据技术构建商业银行信用风险识别和预警的系统方案。第一节主要介绍了包括基于大数据的信用风险识别及预警的必要性、风险识别和预警模型构建过程和框架结构三个部分。通过该节，读者可以了解利用大数据技术构建商业银行信用风险识别和预警系统的意义和方法，以提高商业银行信用风险识别和预警能力。第二至四节是信用风险评估建模案例分析。以线上个人信用贷款产品为典型案例，详细介绍了采用 Logistic 回归方法建立信用风险评分卡的案例。以 A 股上市公司为训练样本，对基于 Logistic 回归和 BP 神经网络的大数据信贷风险识别及预警混合模型进行案例详述。以某区域性国有商业银行总行的小微客户信贷管理系统为例，选取涵盖多行业的小企业样本，建立涵盖财务指标、客户负责人基本情况及客户外部宏观环境等准则层的小微客户信用评价指标，基于决策树模型进行违约判别。

第六章提供了不同类型商业银行在信用风险管理方面的案例研究。本章涵盖国有商业银行、股份制商业银行、城市商业银行、外资银行以及民营商业银行的案例。通过银行的案例背景介绍、信用风险管理状况分析、对应的风险评估体系建议、风险处置方法和启示等内容，探讨目前商业银行信用风险识别、预警和管理状况。

第七章是基于大数据的信用风险建模提出改进建议。本章对前述研究所得结果进行了总结，并提出了商业银行在信用风险管理方面的改进建议，以应对未来金融市场的挑战和机遇。最后，在数据逐渐被列为生产要素的趋势下，从数据资产化的机遇和挑战、数据资产应用的实施路径、数据资产评估方法、数据资产交易步骤、数据资本化等方面，提出加快数据资产化的对策建议。

通过深入研究上述内容，本书旨在为商业银行提供可行的大数据技术应用方案，以应对日益复杂的金融市场环境，提升信用风险管理水平，实现更加稳健可持续的发展。

三、研究方法

研究方法在课题研究中一直扮演着至关重要的角色，特别是在探索基于大数据技术的商业银行信用风险识别及预警这一前沿领域。随着金融科技的快速发展，传统的信贷风险管理方式逐渐显露出短板和不足，这就需要我们运用科学的研究方法，从理论和实践两个层面进行深入探讨。

首先，本书采用了文献研究法，这是一个重要的方法论框架，通过对现有的文献和数据进行系统的搜集、整理和分析，形成自己的研究视角和理论框架。借助中国知网、Wind 数据库等丰富的资源，深入挖掘国内外关于商业银行信用风险建模方面的相关研究成果和数据，从中提炼出对本书有价值的信息和见解。

其次，本书采用实证模型法，这是一种基于实证数据的研究方法。通过详细介绍专家打分法、Logistic 回归、BP 神经网络模型等信用风险评估模型及原理，通过实际案例对这些模型的应用进行深入分析。通过模型的搭建和实证研究，我们可以验证模型的准确性和可行性，为实际应用提供有力支撑。

再次，本书采用案例分析法，这是一种深入了解和探索实际问题的方法。通过案例研究，我们将重视信用风险评分卡的开发过程，并对商业银行基于大数据的信用风险建模思路进行详细阐述。通过深入的实地调研和资料收集，可以全面了解商业银行信用风险防控的实际情况，为本书研究提供更为丰富和深入的数据支持。

最后，本书采用归纳总结与对比分析法，这是一种系统性的分析方法。通过对不同信用风险评估方法的优点、缺点进行对比分析，我们可以更加全面地评估各种方法的适用性和有效性。同时，本书还针对国有商业银行、股份制商业银行、城市商业银行、外资银行、民营银行等不同类型的商业银行的实际情况进行对比，为商业银行信用风险管理提供有益的借鉴和指导。

通过以上多种研究方法的综合运用，本书全面深入地探讨了基于大数据技术的商业银行信用风险管理问题，为解决当前金融领域面临的挑战提供了有力支持和有效解决方案。

第二章
相关概念、原理及研究综述

本章详细介绍了大数据和大数据技术、商业银行、信用风险、信用风险识别和预警等基本概念，介绍了基于大数据的信贷风险防控原理，对前人关于信用风险评估方法的研究成果做详细梳理。

第一节　相关概念

本节重点介绍了大数据和大数据技术、商业银行、信用风险、信用风险识别和预警等基本概念，为下文做好基础铺垫。

一、大数据和大数据技术

在互联网时代，大数据的概念随着互联网与各行业领域的融合而迅速崛起。Gartner（2011）首次对大数据进行了解释，认为常规软件工具无法有效捕捉、处理和管理的一定时间范围内的数据集合即为大数据。大数据包括非结构化、半结构化和结构化数据，是海量的、多样化的、具有高增长率的信息资产。麦肯锡全球研究所（2011）做出的阐释认为，大数据是一种规模大到在获取、管理、存储、分析等各个方面都大大超出传统数据库软件工具分析和处理能力范围的数据集合。国际数据公司（2018）调研发现，目前全球数据量约以每两年翻一倍的速度增长，大数据的核心在于提高对数据的加工能力，挖掘数据的应用价值，实现数据的增值。大数据应用的主要功能是有助于降低成本、提高决策效率和增强风险防控能力。Viktor（2013）认为，大数据的发展将会深刻影响人类行为活动和社会发展模式。Manyika 等（2011）认为，商业银行可以充分运用大数据增强与客户的互动，从而实现精准营销，大数据技术是指用于处理和分析大型复杂数据集的工具和技术，它涉及海量数据的收集、存储、分发、管理和分析。传统的关系数据库系统无法处理庞大的数据，这导致了如 NoSQL 技术之类的替代方法的开发。Hadoop 是构建大数据的核心平台，支持对具有高容错性的大型数据集进行分布式处理。大数据应用中使用的其他技术包括 Map Reduce、Apache Hive、HPCC 等。这些技术为分析海量数据提供了容错性、灵活性和可扩展性。大数据技术还涉及数据清理、数据组合、数据转换和数据同步，以确保可视化和可靠性。

在这个信息爆炸时代，大数据已经成为各个行业的重要资产。它不仅仅是海量数据的堆积，更是一种可以被挖掘、加工、分析，并最终转化为商业价值的资源。随着大数据技术的不断发展和应用，商业银行也开始意识到大数据在信用风险管理中的重要作用。大数据的特点，如高速更新、多样性和高增长性，为商业银行提供了更多的可能性，使其能够更加精准地了解客户需求，优化业务流程，并增强风险防控能力。这种应用大数据的新模式，不仅有助于提高商业银行的竞争力，也为客户提供更好的金融服务体验。

二、商业银行

商业银行是一种金融机构，主要提供存款、贷款、信用卡、理财、外汇交易、支付结算等金融服务。商业银行是经营性金融机构，以营利为目的，通过吸收存款、发放贷款以及其他金融业务来获取收入。它们在经济体系中扮演着重要角色，促进资金的流动和经济的发展。在不同国家和地区，商业银行可能有不同的组织形式和法律地位，但它们的基本功能和服务范围通常是类似的。

资本主义商业银行是现代商业银行的前身，它们是资本主义经济体系中的重要组成部分，起源于18世纪的欧洲，随着工业革命的兴起和资本主义生产方式的确立而发展壮大[①]。资本主义商业银行最初形成于工商业兴起的城市，它们的主要功能是提供资金融通服务，为工商业提供资金支持并促进经济发展。这些银行通常由私人投资者或合伙人经营，以营利为目的。它们承担着吸收存款、发放贷款、外汇交易、支付结算等金融服务，同时也在一定程度上参与资本市场的运作，投资于股票、债券等金融资产。

与货币发行权由中央银行垄断的国家不同，一些地区的商业银行仍然具有发行货币的权利。例如，中国香港地区的几家发钞行就是商业银行，它们有权发行本地货币。然而，大多数商业银行并没有货币的发行权，它们的主要营利方式是通过吸收存款和发放贷款之间的利差来获取利润。因此，传统的资本主义商业银行的业务模式主要集中在存款和贷款业务上，利用存款来发放贷款，并通过贷款利息高于存款利息的差额获得收益。这种商业银行模式已经延续至今，虽然现代商业银行的业务范围和服务种类已经大大扩展，但存贷款业务仍然是其核心业务之一。

近年，随着资本市场的高速发展，个人和企业在投资和融资方面的选择变得更加多样化。传统的存贷款业务受到了一定程度的影响。在我国，信贷评级越高的公司越愿意通过证券市场进行融资，而企业和自然人也能同样因此获得更高的收益。因此，存贷款业务的规模出现了相应的萎缩趋势。面对这种趋势，大部分

① 随着生产力的提升和社会劳动分工的不断扩大，资本主义生产关系开始逐渐形成。这一时期，一些手工业主、城市商人以及富有的银行家等新兴阶级，即资产阶级，逐渐崛起。与此同时，封建主义时期的银行贷款常常具有高利贷的特点，其年利率通常为20%～30%，这种高额利息严重限制了社会闲置资本向产业资本的转化。此外，早期银行的贷款对象主要是政府等一些特权阶层，而非新兴的资产阶级工商业。这导致了新兴的资产阶级无法获得足够的信贷支持，而资本主义生产方式的建立和发展则需要大量的货币资本。因此，新兴的资产阶级迫切需要建立和发展符合资本主义生产要求的银行体系。这一历史背景下，资本主义银行逐渐崭露头角，成为资本主义生产关系确立的重要组成部分。

商业银行纷纷开始加大非利差业务的发展力度。这些非利差业务包括信用卡、私人财富管理、财务顾问、金融产品销售代理以及投资银行业务等。商业银行通过提供这些服务，不仅可以拓展业务领域，也能够更好地适应金融市场的变化，提升竞争力。尽管资本市场的发展使得商业银行的地位日益边缘化，但对于大部分小企业和缺乏专业投资知识的个人而言，商业银行仍然是重要的筹资和投资渠道。商业银行提供的借记卡、信用卡以及其他存贷款工具或凭证，对于个人、企业维持日常生活、生产经营流动性具有重要意义。因此，商业银行在金融服务领域仍扮演着不可或缺的重要角色。

三、信用风险

商业银行的信用风险，又可称为客户的违约风险，在其概念上可以分为狭义和广义两种。狭义的商业银行信用风险指的是借款人未能按照合同约定按时偿还债务而导致实际违约的可能性，从而给商业银行造成损失。在这一定义下，信用风险被视为一种静态风险，主要关注实际违约的发生。

然而，随着银行业信用风险管控措施的不断完善和金融市场的持续发展，商业银行信用风险的概念已不再局限于实际违约行为的发生。相反，它更多地关注借款人履约能力潜在变化的可能性。即便借款人目前能够按时偿还债务，但也可能存在一些因素，会对其债务偿还能力产生不利影响，从而给商业银行带来损失的潜在可能性。这种定义下的信用风险被称为广义信用风险，其特点是一种动态风险。

举例来说，2007 年由中国银行业监督管理委员会颁布的《中国银监会关于印发〈贷款风险分类指引〉的通知》(银监发〔2007〕54 号)，对“关注类”与“次级类”进行了界定。“关注类”是指虽然有还款能力，但是有一些因素会对其还款造成负面冲击；而“次级类”贷款，是指借款人仅凭自己的日常运营收入不能偿还全部的债务，即便是履行了债务人的抵押财产，也会对商业银行造成一定损失的贷款。

信用风险的产生主要源于借贷双方信息不对称，商业银行无法充分客观评估借款人的信用履约能力。这种信息不对称导致了信用风险的存在和发展，使得商业银行在风险管理中面临着诸多挑战和困难。广义的信用风险定义意味着商业银行在风险管理中需要更加细致地关注借款人的整体信用状况，而不仅仅是其当前偿还能力。随着金融市场的复杂化和金融产品的多样化，商业银行面临的风险也变得更加多元化和动态化。因此，商业银行需要不断加强对借款人信用风险的监测和预警，以便及时采取相应的风险控制措施，降低不良资产的形成风险。

在这样的背景下，商业银行积极借助大数据技术进行信用风险识别和预警已经成为一种趋势。大数据技术的应用能够帮助商业银行更加全面、深入地了解客户的信用状况，通过对海量数据的分析，发现潜在的信用风险因素，及时采取预防性措施，降低风险的发生概率。

除了大数据技术，机器学习等人工智能的先进技术也在信用风险管理中发挥着重要作用。通过建立复杂的风险评估模型，商业银行能够更加准确地预测客户的信用状况，并根据预测结果制定相应的风险管理策略。例如，基于机器学习的信用评分模型可以根据客户的个人信息、财务状况和信用历史等数据，自动评估客户的信用风险水平，并为商业银行提供参考依据。

综上所述，商业银行信用风险的识别和预警是商业银行风险管理工作中至关重要的一环。借助先进的技术手段，商业银行能够更加有效地监测和管理信用风险，确保自身的稳健经营和持续发展。

四、信用风险识别及预警

信用风险识别是商业银行在风险管理体系中的重要组成部分，其核心任务是通过多种途径收集客户的各类信息，包括但不限于财务数据、基础数据以及行为数据等。这些数据来源涵盖了客户的经济实力、信用历史、行为习惯等多个方面，为商业银行构建全面的信用风险评价指标体系提供了坚实的基础。通过对目标客户群体特点的深入分析，商业银行可以针对不同客户群体设计相应的信用评价指标，以更准确地评估客户的信用状况和潜在风险。

在信用风险识别的过程中，商业银行采用各种风险评估模型对信用风险因素进行定性和定量评估。这些模型可能包括传统的统计模型、机器学习算法以及人工智能技术等，通过对客户数据的深度挖掘和分析，商业银行可以更加准确地评估客户的信用状况，识别出潜在的违约风险因素，为后续的风险管理提供重要依据。提前发现未来可能会出现的风险，风险预警可以为管理层采取风险防控措施提供信号指引，将信用风险的发生进行提前预防和化解，有效控制风险损失发生的程度，为商业银行经营活动创造更大的经济效益，通常风险预警以违约概率或者信用评分等方式体现。信用风险识别和预警作为信用风险管理体系的核心组成部分相辅相成，共同构建了完善的风险管理框架。这一体系的建立需要经过一系列步骤和措施，以确保对信用风险的全面、准确评估和有效控制。

首先，构建信用风险识别和预警系统需要建立基于客户数据信息的评价指标体系。这包括对客户的财务数据、基础数据和行为数据等多维信息进行收集和整理，进而构建全面、多维度的评价指标体系。在建立指标体系时，需要对不同指标类别和内容进行细致分析和处理，确保评价体系的科学性和有效性。

其次，基于信用风险评估模型对风险评估指标进行综合评判。商业银行可以借助各种风险评估模型，如统计模型、机器学习算法等，对客户的信用风险因素进行定性和定量的评估。通过综合评判，全面了解客户信用状况，及时发现潜在风险。

最后，基于评判结果设置预警阈值和预警区间，并采取相应的风险管理对策。商业银行需要根据评估结果和风险预警信息，设定适当的预警阈值和预警区间，以便及时发现信用风险的异常波动迹象。一旦出现预警信号，商业银行应根据实际情况采取相应的风险管理对策，包括但不限于加强监控、调整信贷政策、增加准备金等，以有效应对潜在的信用风险。

受新冠疫情等外部因素的影响，近年商业银行面临着前所未有的挑战，其中信用风险表现出了一系列的新特点。首先，由于经济下行压力增大，企业和个人的还款能力受到了影响，导致信用违约的风险显现出突发性。其次，经济形势的复杂性增加了信用风险预警的难度，商业银行需要面对更多的不确定性和风险因素，加大了风险管理的难度。同时，由于疫情等因素的影响较为隐蔽，商业银行往往难以准确把握风险的发展趋势，增加了风险管理的挑战。此外，由于疫情等因素的集中性，一些行业和地区可能更容易受到冲击，导致信用风险集中度较高，商业银行需要有针对性地加强监控和管理。

面对这些新特点，商业银行需要在经营环节加强对信用风险的识别和预警。通过建立完善的信用风险识别和预警机制，商业银行能够及时发现信用风险的苗头，把握风险的倾向性问题，并采取相应的风险管理措施，将客户的信用违约风险控制在可接受的范围之内。这包括加强对客户的信用评估和监控，建立健全的风险预警系统，以及及时调整信贷政策和加大准备金的储备，从而有效地化解和控制信用风险带来的潜在损失，保障商业银行的健康经营和稳健发展。

第二节　基于大数据的信贷风险防控原理

本节详细介绍了基于大数据的信贷风险防控原理，包括数据采集、数据存储、数据计算、数据分析和资源管理等技术层次。

一、大数据的特征

大数据的特征是指其所具有的显著属性，这些属性使得大数据在规模和复杂性上与传统数据有所不同。首先，大数据的来源渠道非常广泛，包括社交网络、电子商务网站等各个领域，从中收集到的数据涵盖了客户的关系网络、行为习惯、消费习惯等重要信息。这些数据的丰富性使得大数据具有五大特点：类型繁多（variety），即大数据不仅包含了结构化数据，还包括了非结构化和半结构化数据，这些数据类型的广泛性使得大数据集合的内容非常丰富多样。体量大（volume），即近年互联网、物联网等新兴科技迅猛发展，海量大数据正以前所未有的速度快速增长，这种大规模的数据量对于传统的数据处理技术提出了巨大挑战。真实性（veracity），即大数据主要来源于人们日常生活中的各项活动，如网上交易记录、社交数据、工商注册信息等，这些数据的真实性高，因它们是直接由人们的行为产生，因此也被称为一手数据。流转速度快（velocity），即伴随着海量数据的涌现，以云计算为代表的大数据计算方法不断涌现，极大地提高了大数据的计算速度与计算效率，这样的高速传输使得即时分析与决策成为可能。价值密度低（value），即由于大数据的体量巨大且类型繁多，其中有价值的信息往往只占据很小一部分，因此必须使用诸如人工智能这样的技术来深入地发掘和分析这些数据，从中提取出一些有价值的情报和知识。

二、基于大数据的信贷风险防控原理

基于大数据的信贷风险防控基本原理是通过利用大数据和相关技术工具，对商业银行信贷客户的内外部信用信息进行全面搜集和深入分析。这些信息包括客户的财务状况、交易记录、社交媒体数据等。利用大数据分析技术，可以挖掘提炼出隐藏在数据背后的有价值信息，从而更准确地评估客户的信用风险。

首先，通过搜集和整合大量的客户数据，包括个人和企业的财务数据、征信数据、社交媒体数据等，建立起客户的全面信用档案。这些数据可以帮助银行全面了解客户的信用状况和还款能力。

其次，利用大数据技术和机器学习算法，构建信用评分模型和评级模型。通过对客户的各项指标进行量化分析，可以对客户的信用风险进行评分和评级。这些模型可以帮助银行快速、准确地确定客户的信用等级，从而为信贷决策提供参考依据。

此外，基于大数据的信贷风险防控还可以通过构建客户的行为画像和关系图谱，对客户的行为进行分析。这可以帮助银行了解客户的消费习惯、还款能力等，从而更好地监测和预测客户的信贷情况。如果发现异常行为或风险信号，系统可以自动发出预警，提醒相关人员采取相应的风险控制措施。

最后，基于大数据的信贷风险防控还可以实现智能决策。通过结合大数据分析和人工智能技术，可以构建智能决策模型，为信贷决策提供量化参考意见，帮助银行提高决策的准确性和效率，降低信贷风险。

总之，基于大数据的信贷风险防控通过全面搜集和深入分析客户的信用信息，构建信用评分模型和评级模型，形成客户的行为画像和关系图谱，实现智能监测、预警和决策，从而提高银行对客户信贷情况的管理能力和风险控制水平（图 2－1）。

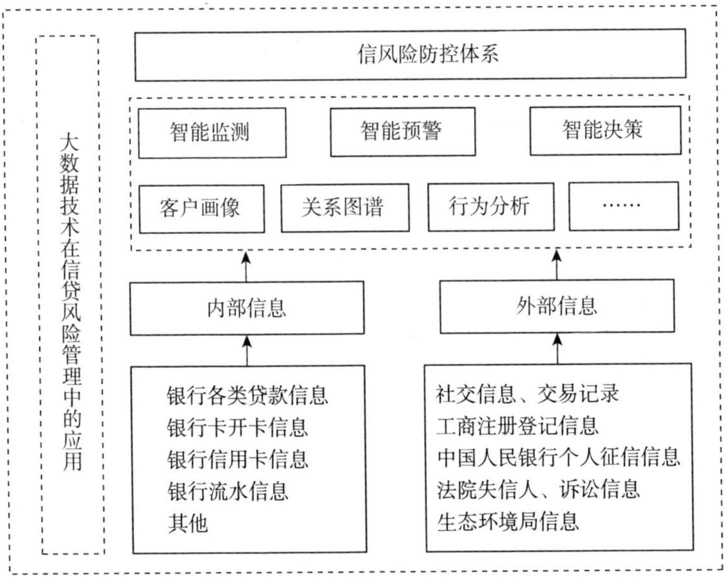

图 2－1　基于大数据的信贷风险防控体系

三、大数据的技术层次

大数据技术是一种计算机技术，它提供了数据存储、集成、计算、分析和管理等多种功能，随着数据规模的不断增大，大数据技术可以实现横向扩展和延伸。从功能的角度来看，大数据技术可以分为四个层次，即数据采集、数据存储、数据计算和数据分析。

数据采集是大数据技术的第一层次。数据采集环节是将海量客户真实应用场景数据准确、完整地收集和传输到大数据平台的过程。通过采集工作，海量数据进入大数据平台，为后续的处理和分析提供基础支持。在这个层次上，大数据技术可以帮助用户从各种来源收集和获取数据，包括传感器、社交媒体、日志文件等，数据采集的过程需要考虑数据的获取方式、数据的清洗和处理等方面。

数据存储是大数据技术的第二层次。数据存储环节是利用分布式存储和多副本策略，保证大量资料的安全、高效储存。分布式存储技术能够增强数据的可靠性与可用性。多副本策略则是将数据复制多个副本，以应对节点故障和数据丢失的情况。数据存储环节为数据分析提供了底层支持，保证数据的可靠性和高效性。在这个层次上，大数据技术可以帮助用户存储和管理海量的数据，数据存储的目标是实现数据的高可靠性、高可用性。

数据计算是大数据技术的第三层次，是对海量数据进行分析和计算的过程。通过规范化的编程框架，如 Hadoop 和 Spark，可以在多台机器上并行处理和分析大规模数据，提高数据处理的效率和扩展性。数据计算环节实现了大规模数据挖掘，为从海量数据中挖掘有价值的信息和知识提供支持。在这个层次上，常用的数据计算方式包括批处理、流处理、图计算等，通过数据计算，可以实现对海量数据的高效处理和分析。

数据分析是大数据技术的第四层次，是将具体业务场景与大规模数据的业务应用相结合的过程。通过深度学习、统计分析等数据分析技术，可以从海量数据中提取有价值的信息，并将其应用于具体的业务领域。数据分析环节实现了大数据的有价值转化，为业务的增值提供支持。在这个层次上，数据分析的方式包括统计分析、机器学习、数据可视化等。通过数据分析，可以帮助用户发现隐藏在数据中的规律和趋势，支持决策和创新。

资源管理是大数据平台的重要组成部分，它利用调度队列、实时监测等机制，对大数据平台的资源进行管理和调度。通过自动化调度，可以及时分配和优化计算资源，保证数据资源集群的高效工作，提高数据处理的质量和效率。

因此，数据采集、数据存储、数据计算、数据分析和资源管理是大数据处理过程中的关键环节，它们相互配合，共同实现海量数据的采集、存储、分析和应用，为业务提供支持和增值。通过这些层次的功能支持，可以帮助用户管理和利用海量数据。这些技术层次的结合和应用，可以为用户提供强大的数据处理和分析能力，从而实现更加智能化和高效的数据管理和应用。大数据技术层次说明如图 2－2 所示。

图 2－2　大数据技术层次

第三节　基于大数据的信用风险评估方法研究综述

本节详细介绍信用风险评估方法的演变，解析常见信用风险评估模型的基本内容和特点，梳理商业银行信用风险识别和预警方法的发展脉络，对比不同模型方法的特点。

一、信用风险评价方法的演变

西方商业银行在其漫长的发展历程中，已形成了相对较为完整的风险管理体系，因而对信用风险评估技术的研究也已相对成熟，能从不同侧面对其进行科学、客观的度量。国外信用风险评估理论先后经历了传统的主观分析、财务比率分析、人工智能应用、现代风险量化管理模型等（表 2－1）。

表 2－1　常见的信用风险评估模型

信用风险评估模型		基本内容	优点	缺点
传统方法	专家分析法	基于“5C”要素的分析法，即基于品德、能力、资本实力、担保和经营环境等要素的分析	较强的灵活性和偏好性	效率较低、主观性强
	信用评分模型	Z-Score 模型、ZETA 模型等对相关历史财务指标赋权，计算违约风险	客观性、综合性	存在时间滞后性，假设条件较多
现代方法	Logistic 回归模型	利用金融比例变量对企业的违约可能性进行预测，并根据其对企业的风险倾向设置了相应的预警指标	能很好地处理非线性参数的识别问题	对样本数量有最低要求；其识别效果具有很大的不确定性，且对过渡带的识别灵敏度不高
	KMV 模型	结合实际交易资料，对债券的违约可能性进行评估；利用历史的信用风险信息，构建信用风险之间的函数关系	客观性、实时性、全面性、可比性	数据依赖性强、简化假设、参数敏感性、无法考虑非财务因素、无法考虑不确定性

（续）

信用风险评估模型		基本内容	优点	缺点
现代方法	Credit Metrics 模型	计算非交易性资产的信用风险价值（VAR）	引入信用转移矩阵，估计不同信用级别之间的相关性	对历史数据有较强的依赖性，假设条件过强，在应用上存在局限性
	Credit Portfolio View 模型	以宏观经济周期的变动趋势来判别信用周期，评估信用风险	直接将转移概率与宏观因素的关系模型化，在违约率计算上不使用历史数据，比较适用于投机类型的借款人	依赖于信用评估机制，模型假设与现实经济情况不符
	Credit Risk+ 模型	运用保险精算方法计算债券或贷款组合的损失分布，计算其违约率	此模型将价差风险归于市场风险，可求得贷款组合的损失分布，没有对违约原因做任何假设	假设不存在市场风险，忽略了转移风险
	分类树模型、神经网络模型	基于大数据的人工智能技术	准确性高、适应性强、逻辑性强	对数据要求高、模型复杂

20世纪70年代之前，传统商业银行信贷风险评估多采用主观评判方法，其评估方法多依靠专业人员的专业知识与经验来进行。其中，以专家分析法、CART危险分级等为代表的研究方法较为典型。前者属于纯定性分析，一般由行业内的专家凭借其丰富的经验和品德声望、资本担保、商业周期等关键性指标对企业的信用风险程度进行主观评价，主观性较强、准确性较低。常见的影响企业信用风险评级的主要因素包括企业领导人的素质、企业的经济实力、企业的资本结构、企业的经营效益、企业的偿债能力、企业的现金流量、企业的信誉状况、企业的发展潜力、市场竞争、

资产流动性、产业前景和政府扶持等。

20 世纪 70～90 年代，伴随着全球一体化进程的加快，银行业所面临的财务风险也越来越多。为了弥补以往根据专家经验和企业经营数据评估中存在的缺陷，以及缺乏综合分析能力的不足，国外研究已逐步转而采用数理分析的方式对信贷风险进行量化评估。Markowitz（1952）基于 IIA 特征推导出 Logistic 模型。Sharpe（1964）建立了资本资产定价模型。Black 等（1973）、Merton（1973）提出了期权定价理论。Altman（1968，1977）以多变量鉴别分析为基础，构建了 ZETA 模型，该数学模型的解释能力很强，为后期信用风险评价理论和模型的发展奠定了良好的理论基础。然而，实际中的信贷风险分布却很难符合其多变量正态分布、等协方差等苛刻的使用条件，导致该方法在我国的实际运用受限，出现“水土不服”现象。

自 20 世纪 90 年代开始，全球金融创新迅猛发展，金融衍生产品层出不穷，对信贷风险的测度需求越来越高，而经典的数学模型已不能适应现代金融发展的需求，而随着人工智能、电子计算等领域的迅速发展，为该问题的研究带来了全新的视角和途径（翟万里，2013）。专家打分系统、神经网络、DSS、遗传算法等技术应用到信贷风险评价中，可以很好地解决以往研究中对数据条件要求苛刻的问题。信用评价专家制度就是通过一种智能化的电脑程式，把一名专家解答问题的推论过程重现，向非专业人士提出专业意见。Messier 等（1985）首先介绍了基于信息技术的信贷风险评估方法，并对其进行了研究。在此基础上，Greene 等（1987）提出了基于时间序列的风险度量方法，并将其应用于信贷风险评价中。但是，以上两种方式都存在着对操作人员较高的编程水平要求，从而影响了该算法的推广。

现代信用风险管理模式以定量研究为主，定性分析为辅，通过运用数学统计的方法，结合财务理论，根据过去的资料推断导致风险损失的概率分布，从而实现对信用风险的预测和控制（翟万里，2013）。其中包括 Credit Risk+模型、麦肯锡的 Credit Portfolio View 模型、KMV 模型、决策树模型等。商业银行信用风险管理具有很高的理论和实践意义，它与一国的现代企业制度、金融机构管理制度、金融市场管理制度和相关法律法规紧密相连。随着商业大数据的大量涌现，传统建模方法越来越难以适应当前的经济与社会发展形势，而具有逻辑性强、准确性高、适应性强等优点的大数据计算方法受到越来越多的关注。伴随着计算机科学的发展与运用，基于大数据的人工智能技术，如分类树、神经网络等在商业银行信贷风险控制中得到了越来越多的运用，部分学者尝试将主观评价方法和大数据信用评估方法相结合（周继述等，2013；魏国雄，2014）。

人工神经网络具有自学习功能，能够客观地确定评价指标的权重，且推广性能显著改善，拟合精度高。Altman（1994）将人工神经网络应用于故障预报中，证明了人工神经网络在故障预报中的应用优于鉴别方法。人工神经网络评价财务状况的预测精度较高，非线性映射能力较强，稳健性好（Gunay et al.，2007）。基于人工神经网络的商业银行信用风险评估已经被韩国、日本、美国等国家应用，取得了较好的预测结果（Kim，2009；Yim et al.，2010；Aminian，2006）。商业银行应该通过社会化网络平台获取更加完整的客户信息，并通过网络大数据拓展个人征信服务（Hoof et al.，2013）。商业银行必须将大数据思维融入经营管理中，提升其对金融市场风险的辨识与防范能力（魏国雄，2016）。在网络环境下，越是对用户商业大数据进行详细、全面和准确的评价，违约发生的概率就会越低（王军伟，2017）。

二、模型、方法的应用综述

长期以来，传统的信用风险评估主要运用专家评分、多变量线性识别等主观评估方法，但该类方法无法实现对贷款真实风险的量化分析，仅能起到对贷款的后续监管作用，无法对贷款的真实风险做出即时的反应。由于“信息滞后”“信息孤岛”和“数据缺失”等信息不对称现象的存在，利用传统方法进行信用风险控制的成本高、效率低，过度依靠风险管理者的个人经验，缺乏有效的信息共享，无法适应小型企业信贷风险防控的需求。Alman（1968）首次把信用评级的概念引入贷款业务中，采用多元鉴别分析模型，然而由于该模型要求被观测值和绩效变量符合正态分布，因此该方法的实际运用受到了较大限制。为克服上述方法的局限性，Orgler（1970）引进了用于评估借贷者风险的线性回归模型。陈静（1999）利用一元回归和二次线性回归方法判断我国上市公司是否存在债务危机。随后，专家打分法被运用到信用评价中，该方法也被称为专家调查法，它依托于业内专家的专业特长与工作经验，运用总结归纳法得出初步评价观点，再将各个层面的评价观点融合，最后建立一套较为完整的信用评价体系。

在此基础上，部分学者倾向于使用逻辑回归分析方法对信用风险进行评价。Wiginton（1980）首先将Logistic回归应用于信贷风险评估，运用逻辑回归法评估我国商业银行的信贷风险，Smith（2002）基于Logistic回归对信贷拖欠的可能性进行实证检验。Huffman等（2004）采用Logistic回归法对证券投资组合进行了研究。国内也有大量学者研究了逻辑回归方法在信用风险管理中的具体应用。例如，梁琪等（2005）、宋遂周等（2009）、卢永艳（2010）利用逻辑回归法对我国上市公司的财务状况进行了有效预测，对商业银行信用风险进行评估。倪显倩（2017）以上海地区的一家贷款公司为研究对象，构建了逻辑回归、决策树、支持向量机和神经网络等模型，并对其进行了集成，其中逻辑回归模型的预测效果较好。刘倩（2019）对比了Logistic回归、决策树及支持向量机三种方法的识别率、召回率、解释能力和预测能力，并建立基于Logistic回归的信贷评分体系。刘荣弟（2018）、夏周兴（2019）、黄丁聪等（2022）对Logistic回归分析方法进行了验证，发现通过某种数学变换，Logistic回归模型的结论能够用评分计分卡的方式表达出来，从而极大地提高了模型的解释性。

近年，随着个人征信、消费行为等方面的数据采集和建模分析方法日益成熟，以大数据为基础的机器学习算法被引入商业银行信用风险评估当中。当前，针对海量数据的机器学习算法有很多种，从发展历史来看，可以将其划分为两种类型，即非指导式和有监督式两大类，而在这些类型当中，树类模型和神经网络模型最为常见。Makowski（1985）、Coffman（1986）等首先将决策树方法运用于金融业信贷评价中。张培强（2011）利用ID3方法对我国的银行卡用户进行了聚类分析，并提出了一种基于ID3的新方法。宋欢欢（2017）构建了一种以数据挖掘为基础的个体信贷风险预测方法。

人工神经网络是一种基于大数据的信息处理方法。该方法在当代神经生物学研究结果的基础上，结合数学和信息处理方式，对生物脑的结构与功能进行仿真，能够实现对采样数据的自动采集、非线性映射，能够根据系统本身的复杂性，在持续的学习过程中实现对多个节点之间的关联进行自适应调节，最终将输入和输出的对应关系用特殊的网络结构表示出来，实现对数据的处理。神经网络的自组织性、自学习性、超强的记忆性和较强的容错性，使得它在处理含有噪声和非线性数据方面有着独特的优越性。它既具有对数据的强大计算、分类能力，又具有对知识的思考、学习和记忆能力，是一个将许多简单的计算单位相互联系起来的复杂网络，能够高效地求解非正态分布的非线性风险评价问题。

基于神经网络的信用风险建模，通过多角度的数据支撑和信息服务，能够缓解企业与商业银行之间的信息不对称，提高信贷风险管理有效性。通过将商业银行自身的内部资料与对外分享的资料进行整合，将其真正的风险状态展现出来；通过描述分析、相关分析、分类预测、聚类分析等方法对资料进行处理；根据不同级别的客户资信情况，分别确定不同级别的客户的违约可能性以及客户的违约损失；以资料分析为基础的差异化风险定价，提升企业的整体获利能力，消除资讯孤岛；在此基础上，对企业进行实时的风险预警，从而达到对企业的风险监控和监控过程的自动化控制。Dutta等（1988）率先将神经网络方法用于企业债务风险评估。Baesens（2003）、Martnez等（2008）、Khasbman（2010）、

Cimpoeru 等（2011）、Nazari 等（2013）将神经网络模型应用于信用风险评价，证明了神经网络具有较好的预测精度。王春峰等（2018）在利用人工神经网络进行建模时，也肯定了其在预测上的明显优势。

基于大数据的信贷风险度量方法是克服传统方法弊端，实现信贷风险有效度量的重要手段。大数据风险管理主要围绕贷款申请、贷款审核、贷款发放、贷后管理各个阶段进行，综合运用多方数据如消费记录、社会网络数据、信用数据等，综合运用文本挖掘、图像分析、音频分析、视频分析、网络分析等多种基础分析手段，运用决策树分析、神经网络等多种学习手段，运用“前馈控制”管理学原理，以大数据为基础构建信贷风险评价体系，以达到对银行信用风险管理的前瞻性、自动化（黄丁聪等，2022）。

岩峰（2017）对多元判别模型、专家打分法、逻辑回归等多种信用风险评估模型的优劣进行了深入分析和比较，认为不同方法各有利弊，应根据具体情况选择适宜的信用风险评价模型。张新红等（2011）在 Logistic 回归模型的基础上，结合神经网络算法，构建了高效信用风险预警模型。黄晓波等（2015）将因子分析法与 BP 神经网络模型紧密结合建立财务危机预警模型，对企业潜在的财务危机进行识别，模型预测效果较好。林一帆（2019）采用 Logistic 回归模型和 XGBOOST 模型对相同样本数据进行建模，认为 XGBOOST 模型的预测结果要优于 Logistic 回归模型的预测结果。刘少波等（2020）对 Logistic 回归模型和 XGBOOST 模型的信用风险评价结果进行对比，发现虽然 Logistic 回归模型能够输出一个简单的信用评分卡，XGBOOST 模型不能达到同样效果，但 XGBOOST 模型预测结果较好，因此建议在实际应用中可以首先使用 Logistic 回归模型建立信用评分卡对需要评估的客户进行评分；同时，对于被拒绝的评分较低的客户，从中挑选出分数相对较高的，进一步使用 XGBOOST 模型对其违约风险进行判断。曾筝（2011）将粗糙集理论、层次分析方法与人工神经网络方法相结合，以提升信贷风险评价的准确性。郭英见（2010）以 BP 神经网络为基础，结合DS证据原理，建立了一种新的信贷风险评价方法，并对该方法进行了实验研究。孙瑾等（2008）引入遗传算法作为调节参数和属性变量的优化算法，建立基于遗传算法和支持向量机的个人信用评估模型，发现该模型只需少量重要属性变量即可实现较好的预测效果。吴冲等（2018）运用模糊神经网络方法构建了一种新的商业银行信贷风险评估方法。王天擎等（2014）基于主成分分析、遗传算法（GA）和神经网络算法，对澳大利亚和德国部分商业银行的个人信贷数据进行评估，研究中首先采用主成分分析法提取样本数据的主成分，随后通过遗传算法优化神经网络的阈值、网络结构和初始连接权值，将优化的神经网络算法用于个人信用评估。鲁皓等（2023）将遗传算法与BP神经网络相结合，基于中国某西部地区银行2019年全年的消费贷数据，建立消费贷风险等级评价模型，结果表明，GA-BP神经网络模型能够实现客户信用风险等级的有效分类。迄今为止，仍然没有一种算法能够在模型效果、可解释性和样本量要求中均取得最优，在建模过程中需要结合数据及业务实际情况选择合适的建模方法（黄丁聪等，2022）。

第三章 商业银行信用风险现状及成因分析

本章主要介绍了我国商业银行信用风险总体情况以及不同类型商业银行主要信用风险指标情况，分析商业银行信用风险产生的主要原因，指出目前我国商业银行信用风险管理的不足。

第一节　我国商业银行信用风险现状

本节首先梳理了2014—2023年我国商业银行主要信用风险数据，随后将商业银行分为国有大型商业银行、股份制商业银行、城市商业银行、农村商业银行、民营银行、外资银行，分别介绍2023年不同类型商业银行信用风险状况。

一、我国商业银行主要信用风险指标情况

在信贷业务中，当借款人发生下列一项或几项情形时，便会被认定为信用违约风险：第一，借款人的信用资质降低，通过冲销、特殊准备或强制重组等措施触发信用危机。第二，有充足的证据证明借款人无法按期还款，包括本金、利息、费用等，则可以被认定为信用违约。第三，逾期90天后仍无法按期还款，也会被认定为信用违约。第四，借款人申请破产或寻求类似的保护措施，也将被视为信用违约的情形。从上述信用违约情形的界定中可以看出，信用违约最终将导致不良贷款的增加。2014—2023年，我国商业银行主要信用风险数据如表3-1所示。

表 3-1　2014—2023 年我国商业银行主要信用风险指标情况

信用风险指标	2014年末	2015年末	2016年末	2017年末	2018年末	2019年末	2020年末	2021年末	2022年末	2023年末
正常类贷款（万亿元）	64.53	71.98	81.82	92.67	105.02	123.45	140.37	158.16	175.64	194.84
关注类贷款（万亿元）	2.10	2.89	3.35	3.41	3.46	3.47	3.78	3.81	4.11	4.46
不良贷款余额（万亿元）	0.84	1.27	1.51	1.71	2.03	2.41	2.70	2.85	2.98	3.23
其中：次级类贷款（万亿元）	0.40	0.59	0.61	0.63	0.80	1.01	1.28	1.28	1.42	1.32
其中：可疑类贷款（万亿元）	0.34	0.53	0.66	0.80	0.91	1.01	1.05	1.14	1.12	1.14
其中：损失类贷款（万亿元）	0.10	0.15	0.24	0.28	0.31	0.39	0.37	0.43	0.45	0.77
关注类贷款占比（%）	3.11	3.79	3.87	3.49	3.13	2.91	2.57	2.31	2.25	2.20
不良贷款率（%）	1.25	1.67	1.74	1.74	1.83	1.86	1.84	1.73	1.63	1.59
贷款损失准备（万亿元）	1.96	2.31	2.67	3.09	3.77	4.49	4.98	5.61	6.14	6.62
拨备覆盖率（%）	232.00	181.20	176.40	181.40	186.30	186.10	184.50	196.90	205.90	205.10
贷款拨备率（%）	2.90	3.03	3.08	3.16	3.41	3.46	3.39	3.40	3.36	3.27

数据来源：中国银行保险监督管理委员会官网。

从表 3-1 可以清晰地看出，目前国内商业银行关注类贷款余额、不良贷款余额均呈现逐年增长的态势。截至 2023 年末，我国商业银行不良贷款余额已高达 3.23 万亿元，较 2014 年末增加了 2.39 万亿元，增幅高达 284.52%。同时，2023 年末，我国商业银行的不良贷款率为 1.59%，较 2014 年末上升了 0.34%。与不良贷款情况相伴随的是潜在风险的增加，即关注类贷款也有所增加。截至 2023 年末，我国商业银行关注类贷款余额高达 4.46 万亿元，较 2014 年末增加了 2.36 万亿元，增幅高达 112.38%。总体而言，我国商业银行在过去十年间信用风险管理方面面临较大的挑战和压力，由此可见有效防范和管理信用风险尤为重要。为了有效防范和控制这些风险，银行需要加强内部风险管理机制，提高风险识别和预警能力，并采取相应的风险应对措施，以确保其经营的稳健性和可持续性。

二、分机构类型主要信用风险指标情况

根据组织架构和市场定位不同，商业银行可以划分成多种类型，主要包括国有大型商业银行（如中国工商银行、中国农业银行、中国建设银行、中国银行、交通银行、邮政储蓄银行等），股份制商业银行（如平安银行、招商银行、民生银行、华夏银行等），城市商业银行（如北京银行、南京银行、上海银行、宁波银行、青岛银行、长沙银行等），农村商业银行（如顺德农商银行、青岛农商银行、常熟农商银行、无锡农商银行等），民营银行（如浙江网商银行、深圳前海微众银行、威海蓝海银行、天津金城银行等），外资银行（如花旗银行、渣打银行、华侨银行、星展银行等）。信用风险是商业银行面临的主要风险之一，它是指由于借款人的信用情况持续恶化或出现信用违约给商业银行带来损失的可能性。2023 年末商业银行主要信用风险指标分机构类型情况如表 3-2 所示。

表 3-2　2023 年末商业银行主要信用风险指标分机构类型情况

	国有大型商业银行	股份制商业银行	城市商业银行	民营银行	农村商业银行	外资银行
不良贷款余额（亿元）	13 133	5 164	5 017	199	8 623	119
次级类贷款余额（亿元）	4 765	1 985	2 700	62	3 649	26
可疑类贷款余额（亿元）	4 541	1 556	953	82	4 229	50
损失类贷款余额（亿元）	3 826	1 622	1 364	55	745	44
不良贷款率（%）	1.26	1.26	1.75	1.55	3.34	0.85
拨备覆盖率（%）	248.48	219.07	194.94	254.58	134.37	293.92
资本充足率（%）	17.56	13.43	12.63	12.32	12.22	19.58
流动性比例（%）	66.02	59.71	81.58	55.75	77.68	78.75

数据来源：中国银行保险监督管理委员会官网。

由表 3-2 可见，不同组织结构的商业银行其主要信用风险指标情况存在差异。2023 年末，外资银行的不良贷款率仅为 0.85%，资本充足率达 19.58%，拨备覆盖率高达 293.92%。与外资银行相比，我国国内商业银行的不良贷款率较高，资本充足率和拨备覆盖率普遍较低。其中，国有大型商业银行和股份制商业银行的不良贷款比率均为 1.26%，较外资银行高 0.41%；民营银行的不良贷款率为 1.55%，较外资银行高 0.70%；城市商业银行的不良贷款率为 1.75%，较外资银行高 0.90%；农村商业银行的不良贷款率高达 3.34%，较外资银行高 2.49%。总体而言，外资银行、国有大型商业银行两类商业银行在信用风险管理方面相对较为稳健，不良贷款率相对较低，拨备覆盖率和资本充足率相对较高。相比之下，城市商业银行和农村商业银行的不良贷款率指标较高，拨备覆盖率和资本充足率相对较低。截至 2023 年末，城市商业银行的不良贷款率高出商业银行平均水平约 0.08 个百分点；农村商业银行的不良贷款率高出商业银行平均水平约 1.67 个百分点。这表明城市商业银行和农村商业银行在信用风险管理方面面临一定的挑战，需要采取有效的风险控制措施，提高风险识别和预警能力，以确保其资产质量和经营稳健性。

作为重要的金融机构，向客户提供贷款和信用额度，以支持客户的经营活动和个人消费，是商业银行主要的经营业务。借款人的还款能力受经济环境、行业前景、个人信用记录等多种因素的影响，因此信贷业务往往伴随着授信客户一定的信用违约风险。若借款人无法按时偿还贷款本金和利息而产生违约行为，商业银行就可能面临信用损失，影响其资产质量和营利能力。因此，对商业银行而言，了解和研究借款人信用风险的现状和产生原因至关重要。只有通过深入分析借款人的信用状况、行业风险和宏观经济环境等因素，商业银行才能更好地识别和评估潜在的信用风险，及时采取有效的风险管理措施。这包括建立科学的信用评估体系、加强风险监测和预警机制、优化贷款结构和加强内部控制等方面的举措，以确保商业银行能够有效地防范和化解信用风险，保障资金安全和金融稳定。

第二节　商业银行信用风险产生的主要原因

以城市商业银行和农村商业银行为主的区域性商业银行，立足于区域本地市场，作为服务本地中小微企业和普通居民的地方金融主力军，与国有大型银行、股份制银行等全国性银行相比，其信用风险问题更加突出，原因主要体现在以下五个方面。

一、银企紧密依存关系

区域性商业银行与本地中小微企业之间的银企紧密依存关系在信用风险产生中扮演着重要角色。区域性商业银行立足本地市场，作为支农支小、服务地方的主力军，与中小微企业之间是相互依存、相互促进的关系，没有银行的支持与发展，企业无法得到信贷资金、中间业务服务以及各类金融衍生品的支持，企业就无法得到充分的发展。然而，若没有地方中小微企业的存在，区域性银行业就失去了存在的根基。与大型企业相比，部分中小微企业自有资金不足、抗风险能力较弱，存在内部管理机制不健全的问题，缺乏自我发展和积累的能力，对行业发展趋势和市场行情研判能力较弱。这导致了此类型企业在固定资产投资和生产经营所需资金方面基本依赖银行贷款等外部支持。尤其是在经济增速放缓、市场形势持续下行的背景下，企业发展负担加重，生产经营面临较大压力。为了继续生存，企业一方面多方争取贷款，另一方面在贷款到期后又尽量拖延不还贷款。企业出现问题，银行的信贷资金也就难以收回，这是造成商业银行信用风险最直接的原因之一。

二、银政紧密依存关系

区域性商业银行与地方政府之间紧密依存的银政关系在信用风险产生中扮演着重要角色。目前，一些地方政府为解决风险企业问题，通常采用企业破产重整的方式。这些企业由于面临沉重的债务负担，无法在短时间内清偿现金，因此地方政府经常提出一种方案，即以低于原债务30%的折扣一次性结清银行债务。然而，这种方案的受偿率极低，对银行造成了巨大的不良贷款和利润损失。此外，这种做法也给当地的诚信环境带来了极大的不利影响，损害了银行与政府之间的信任关系。这种信任关系的破坏可能导致银行对地方政府的信用评估产生负面影响，进而加剧信用风险的发生和扩大。地方政府以低折扣结清银行债务的做法，实质上是一种提前解决问题的手段，但却对银行造成了巨大的损失。银行在面临这种情况时，往往会面临两难选择：一方面，如果银行拒绝地方政府的方案，可能会面临更大的不良贷款风险和资金损失；另一方面，如果银行接受方案，虽然可以避免短期内的损失，但会对银行的信用评级和经营状况产生负面影响。

这种银政关系问题还会对当地的诚信环境产生深远的影响。地方政府采取以低折扣结清银行债务的方式，容易造成宽容企业逃避债务责任的不良示范，对当地信用环境产生负面影响。一些企业可能会心存侥幸，认为只要和银行谈判，就有机会以低折扣结清债务，这种行为会间接助长企业逃避债务责任的行为，加剧了信用风险发生和扩大的可能性。此外，商业银行与地方政府之间的银政关系问题还会在更深层次上影响金融市场的稳定和发展。在一个良好的金融体系中，银行与政府之间应该建立起互相支持、相互合作的关系。然而，当地政府以低折扣结清银行债务的做法破坏了这种合作关系，可能导致银行对地方政府的信用评估产生负面影响，从而阻碍了金融市场的正常运行。这种情况下，银行可能会对地方政府的信用风险持更为谨慎的态度，使得金融资源无法充分流动，影响了地方经济发展。

商业银行与地方政府之间的银政关系问题对于信用风险的产生和扩大具有重要影响。解决这一问题需要加强监管和制度建设，提高地方政府的债务管理水平，加强对企业的风险管控，同时商业银行也要加强对贷款企业的风险管理和内部控制，确保贷款合规性和风险可控性。只有通过共同的努力，才能够建立起稳健的银政关系，促进地方经济稳定发展和金融市场健康运行。

三、贷款“三查”问题

贷款“三查”，即商业银行的授信贷前、贷中、贷后“三查”问题。

首先，在贷款过程中，贷前调查不细致是一个重要问题。对贷款企业的资信状况、经济效益、产品市场以及领导班子的经营管理能力缺乏全面认识和综合判断，对借贷公司所提供的数据信息过于轻信，商业银行对企业盲目地进行授信，提高了信用风险违约发生概率。商业银行应该加强对贷款企业的全面调查和风险评估，确保借款企业具有还款能力和诚信经营能力。在贷前调查中，应采取多种手段获取信息，如审查企业的财务报表、经营状况和市场前景，与企业负责人和合作伙伴进行面谈，了解其经营策略和发展计划，从而全面了解企业的真实情况。

其次，存在贷中审查把关不严的情况。某些借款的担保方是没有经济效益的空头主体，部分企业之间还存在相互担保情况，一旦担保链条上的某个企业发生信用风险，必然会产生“多米诺骨牌”效应，导致其他企业受到波及和牵连，从而对银行造成重大损失。在贷中审查时，银行应加强对抵押物的评估，确保抵押物具有真实价值。对于涉及第三方担保的贷款，银行应厘清借款企业与担保企业之间的关系，避免出现虚假担保情况，特别关注担保方的资信状况，确保担保方有足够的偿债能力。

最后，贷款跟踪管理的弱化也加剧了信用风险。信贷人员往往过于注重贷款的发放，而忽略了贷款后的有效管理和监督，导致贷款被挪作他用等违规行为不能及时发现和纠正。为解决这一问题，银行应加强对贷款的跟踪管理，定期对借款企业的经营状况和还款情况进行监测和评估。通过建立有效的风险管理体系，提升贷款的追踪与控制能力，及时发现和解决潜在的信用风险，减少不良贷款的发生。

在贷前、贷中、贷后审查中遇到的上述问题，究其原因主要是银企双方信息不对称。在银行与企业的借贷关系中，银行处于信息弱势地位，而企业更加了解自身的生产经营能力、管理水平以及未来的还款能力。企业往往倾向于掩盖自身的不利因素，向银行展示有利因素，而银行很难充分深入了解企业的真实情况，因此无法有效地掌控风险。为解决这一问题，银行应依托大数据和人工智能等技术手段，提升信息收集和分析能力，加强对借款企业的尽职调查，获取更全面、准确的信息，确保全面了解借款企业的情况，加强对担保关系的审核，加强贷款跟踪管理，减少因信息不对称而导致的风险。只有通过提高贷款审查的质量和效率，加强风险管理，才能有效降低商业银行的信用风险。

四、区域信用环境问题

目前，部分地区信用环境不佳，一方面，部分企业存在逃废银行债务行为，通过脱壳、恶意转移资产、虚假诉讼、恶意处置抵质押资产等方式逃废债务。这些行为不仅损害了银行的利益，也破坏了商业信用的正常运行。另一方面，部分地区的信用意识缺失，企业抱团不还银行贷款。即使有能力还款的企业也持观望态度，认为只要其他企业不还款，自己也可以不还款，从而形成了“有钱不还”的现象。这种情况下，银行面临的信用风险大幅上升，无法及时收回贷款，导致不良贷款的增加。

区域信用环境问题的出现与多种因素有关。首先，信用意识的缺乏是导致信用环境不佳的重要原因。部分企业在经营过程中缺乏诚信意识，对债务义务缺乏认知，甚至出现恶意逃废债务的行为。此外，社会对失信行为的打击力度不够，缺乏有效的惩戒措施，也使得企业对信用风险的认知不足。其次，相关法律法规的不健全是信用环境问题的重要原因。目前，我国相关法律法规在信用建设方面仍存在不完善、执行力度不够、有法不依等问题。这使得企业能够利用法律漏洞逃避债务责任，成为信用风险滋生的土壤。此外，地方保护主义现象的存在也加剧了信用环境问题。有些地方政府对本地企业采取过度保护的态度，不愿意对企业进行严格的信用监管和追责，导致企业逃避债务的行为得不到有效的打击，信用环境进一步恶化。

为改善区域信用环境问题，需要采取一系列措施。首先，加强信用意识的培养和宣传。通过教育、宣传等方式，提高企业和个人对信用的重视程度，增强诚信意识。同时，加大对失信行为的打击力度，建立健全的信用惩戒机制，确保失信行为得到应有的惩罚。其次，加强相关法律和制度建设。完善信用相关法律法规，加大对失信行为的惩戒措施，提高法律执行力度，确保法律的严肃性和权威性。同时，加强对信用环境的监管，及时发现和处理信用风险，维护信用秩序的正常运行。此外，还应加强地方政府的监管和引导，避免地方保护主义现象发生，确保企业在信用建设方面承担应有的责任。只有通过多方共同努力，才能改善信用环境，减少信用风险的发生，促进商业银行的健康发展。

五、主观审查问题

传统信用风险管理严重依赖人工审查，这导致了贷款授信主观性较强、信息不对称问题突出。尽管商业银行员工的整体学历水平有所提升，但真正懂专业、擅长管理、具备开拓性的专业复合型技术人才相对匮乏。在传统信用风险管理中，人工审查占据着主导地位，这种方式容易受个人主观因素的影响，使得对信用风险的评价缺乏客观性。缺乏有效的自动化和科技支持的信用风险管理方法，使得商业银行难以准确、全面地评估和控制信用风险，从而增加了信用风险发生的可能性。

为解决传统信用风险管理问题，商业银行需要积极引入科技支持和自动化手段。首先，引入大数据和人工智能技术，通过数据分析和模型建立，提高客户信用状况评估的准确性和客观性。借助大数据分析，银行可以全面了解客户的信用历史、财务状况、行为习惯等信息，从而更准确地判断客户的还款意愿和能力。其次，推动数字化转型，建立完善的信用风险管理系统。通过数字化的方式，可以提高对客户信用风险的监测和预警能力，及时发现风险信号并采取相应措施进行风险控制。同时，可以建立客户信用评分体系，根据客户的信用评分确定相应的授信额度和利率，从而实现差异化的信贷审批和定价。此外，还可以引入区块链技术，提高贷款合同和流程监管的透明度，减少信用风险发生。

除了引入科技支持和自动化手段，商业银行还应加强对员工的培训和专业素质建设。提高员工的专业水平和信用风险管理能力，培养懂专业、擅长管理的专业技术人才，以更好地适应和应对信用风险管理的挑战。同时，建立健全内部控制制度，加强对信用风险管理过程的监督和评估，确保业务的规范运行和风险的有效控制。为了准确、全面地评估和控制信用风险，商业银行需要积极引入科技支持和自动化手段，提高对客户信用的评估和风险控制能力。同时，加强员工培训和专业素质建设，建立健全的内部控制制度，从而有效降低信用风险发生的可能性。

第三节 商业银行信用风险管理的不足

近年，国内经济形势已进入新常态，从单纯追求高增长速度向追求高质量转变，整体经济增速明显放缓，部分行业产能过剩，结构性矛盾凸显，债务水平上升。在这种情况下，商业银行的信用风险暴露加速，信用风险管控压力不断加大。运用大数据风控技术与工具对商业银行风险管理体系进行重构，提升风险信息收集的时效性、准确性和全面性，是解决商业银行在信贷风险管理中面临的难点和痛点的重要措施。尤其对于城市商业银行、农村商业银行这类区域性中小银行而言，其信用风险管理体系尚不完善，面临着更为严重的信用风险挑战。在区域性银行信用风险管理中，普遍存在以下几方面困难和问题。

一、认识不足

对信用风险建模工作认识不足，在日常管理中存在一定的偏差。首先，部分区域性银行对信用风险建模的重要性认识不足，导致银行在这一领域的投入和研发不足。在当前的宏观背景下，全国性商业银行已经意识到信用风险建模的重要性，并纷纷加大了对这一领域的资金、人才等方面的投入，通过建立更加精确的信用风险模型，能够更有效地管理信用风险，减少潜在的损失。然而，对于大部分区域性商业银行而言，信用风险建模仍然被视为一件困难且成本高昂的事情，他们往往存在对信用风险建模的误解，或者没有给予足够的重视。一种普遍的误解是，只有大型银行或互联网公司才有能力进行信用风险建模，区域性银行要么没有能力进行全面的信用风险建模，要么没有必要对此进行重点投入，只需站在他人肩膀，照搬、照抄经验即可。这种观点忽视了信用风险建模对于所有银行而言都是重要且核心的风险管理工具。银行是经营风险的特殊企业，更加偏好低风险、高收益、见效快的项目，而信用风险建模存在投入大、周期长、风险高、收益不确定等特点，与银行追求更高利润和更低风险的目标不一致。

二、人才匮乏

人才匮乏，尚未形成专业团队。银行信用风险建模需要涵盖模型开发、策略设计、数据分析等多方面知识，要求人员既懂得开发技术，又了解信贷业务。相较于国有大型银行和金融科技公司，区域性商业银行在信用风险建模方面起步较晚，普遍存在着结构性的人才短缺问题。一般而言，区域性商业银行只有少数掌握信用风险建模理论和流程的人才，专业建模团队尚未成形，无法满足区域性商业银行数字化转型背景下互联网贷款产品研发的需求。与此同时，国有大型商业银行和全国性股份制商业银行的业务和客户群逐步下沉，互联网巨头主导的金融科技公司也在迅速崛起，给区域性商业银行带来了较大的竞争压力。因此，商业银行迫切需要通过数字化转型，增强自身的竞争优势，提升信用风险管理的专业水平。

为应对这一挑战，商业银行可以采取以下策略：一是加强内部培训，提升现有员工的信用风险建模能力，通过专业培训和学术交流，使员工掌握最新的建模技术和方法；二是引进外部人才，通过高薪聘请或合作研究等方式，吸引具有丰富经验的信用风险建模专家加入银行，提升整体建模水平；三是与高校和研究机构建立合作关系，利用其科研资源和技术优势，共同开展信用风险建模研究，联合培养专业人才；四是借助金融科技，如人工智能、大数据等，提升信用风险建模的效率和准确性，减少对人才的需求。通过以上策略，区域性商业银行有望提升信用风险建模能力，增强竞争力，为客户提供更优质的金融服务。

三、建模经验不足

在当前的金融环境中，区域性商业银行信用风险建模经验不足。尽管区域性商业银行的信用风险建模团队已经初步建立，但在实际操作中，由于建模数据的缺失、专业团队人员的不足，建模经验的缺乏等问题导致了区域性银行在信用风险建模工作中的依赖性较强，往往需要引入金融科技实力雄厚的项目合作方共同搭建评估平台和模型。这种依赖性在一定程度上限制了区域性商业银行在信用风险管理上的独立性。为了进一步提升信用风险建模的独立性，区域性商业银行可以采取以下措施：首先，加强内部培训，提升团队成员在信用风险建模方面的专业知识和经验，通过专业培训、经验分享和学术交流等方式，使团队成员掌握最新的建模技术和方法。其次，加大数据收集和处理力度，建立和完善自己的信用风险数据库，通过与外部数据提供商合作，获取更全面、更准确的数据，提高建模数据的质量和数量。此外，区域性银行还可以通过与高校和研究机构建立合作关系，利用其科研资源和技术优势，共同开展信用风险建模研究，这样既能提升团队的整体建模水平，也有助于培养专业人才。最后，区域性银行应充分利用金融科技，如人工智能、大数据等，提升信用风险建模的效率和准确性，通过引入先进的建模技术和工具，减少对人才的需求，进一步提高信用风险管理的独立性。

四、风控运维经验不足

风控运维经验不足，需不断提升风控运维能力。在实际操作中，区域性商业银行通常依赖于专家评分方法来构建信用风险评分卡，或者采用冷启动模型来进行风险评估。然而，这些方法在面对客群差异和地域差异时，往往表现出适应性不足的问题。专家评分卡模型也面临着从经验法则向数据驱动模型转型的压力。特别是在线上贷款业务的初期阶段，区域性商业银行往往将更多的资源投入产品设计和模型开发中，而对于产品上线后的风控运维工作则关注不足。这种做法在一定程度上是由风控运维工作的高经验要求以及业务累积样本量的需求所导致的。由于在规模和资源方面存在的限制，区域性商业银行往往难以在短时间内积累足够的样本数据，从而在风控运维方面存在明显的短板。

然而，随着业务的发展和经验的积累，区域性商业银行已经开始认识到风控运维的重要性，并且正在采取措施逐步提升这一能力。区域性商业银行可以通过以下几个方面来加强风控运维能力：首先，加强内部培训和学习，提升团队对于风险控制和运维管理的理解。通过组织专业培训、经验分享和学习交流，使团队成员掌握风控运维的核心知识和技能。其次，建立和完善风控运维流程和制度，确保风控运维工作的规范化和标准化。通过制定明确的工作流程和操作指南，提高风控运维的效率和质量。另外，区域性商业银行还可以通过与外部专业机构合作，引入先进的风险控制和运维管理经验和技术。通过合作，可以学习到行业内最佳实践经验，提升自身的风控运维能力。最后，区域性商业银行应充分利用金融科技，如人工智能、大数据等，提升风控运维的效率和准确性。通过引入先进的建模技术和工具，可以更好地进行风险评估和预警，提高风控运维的效果。

五、历史数据缺乏

历史样本数据匮乏，较难实现数据驱动的信用风险建模。信用风险建模是基于数学方法论的建模，但归根结底是数据驱动的建模。区域性商业银行的服务对象通常局限于本省（自治区、直辖市）或特定地区，导致客户基数较小、地域分布较为集中，从而限制了历史数据的积累。此外，区域性商业银行通常较晚开始进行数据治理工作，导致数据规范性不足、数据质量不高，这也在客观上影响了数据驱动建模工作的开展。因此，历史样本数据匮乏是区域性商业银行在实现数据驱动信用风险建模方面面临的一个重要挑战。为解决这个问题，可以尝试与其他金融机构或数据提供商合作，获取更多的历史数据；应用数据增强技术，如合成数据生成、迁移学习等，来扩充数据集；同时，提高数据利用效率，通过改进数据治理流程，确保数据的准确性和一致性。

六、科技支撑能力不足

科技支撑不足，无法满足信用风险建模工作需要。区域性商业银行在信息科技系统的建设方面主要还是面向传统业务和运营管理，对于迅速发展的互联网金融，尤其是互联网信贷业务，系统的建设往往更注重短期目标的实现，而整体规划和架构设计则放在了次要位置。这种做法导致了后期的系统重复建设，定位模糊，不利于业务的持续拓展。在大数据驱动的信用风险建模工作中，数据分析和业务分析系统的支持和准备也存在不足。传统金融机构的数据分析系统开发更倾向于报表展示类系统，主要用于会计台账和业务台账的静态管理，而风险建模所需的数据分析则需要进行迁移分析、多维分析以及历史数据的挖掘分析等。由于系统定位的差异和功能的缺失，风险建模工作的科技支撑不足。为了解决这一问题，区域性商业银行需要重视信息科技系统的整体规划和架构设计，确保系统能够满足互联网金融业务的发展需求。同时，需要加强数据分析和业务分析系统的建设，引入先进的分析工具和技术，提升数据挖掘和分析能力，为信用风险建模工作提供必要的支持。只有这样，商业银行才能在信用风险建模工作中更好地发挥科技的作用，提升风险管理的能力和水平。

第四章
信用风险识别及预警方法对比

信用风险识别及预警是金融领域中至关重要的环节，在过去的几十年里，随着信息技术的飞速发展，大数据技术已经成为信用风险管理的重要工具。基于大数据的信用风险评估，主要是通过构建模型来实现的。这些模型通过分析历史数据，总结出客户的特征，并利用这些特征来预测未来发生的信用风险。

在模型构建过程中，大数据技术可以协助信贷管理人员发现那些与风险强相关的数据因子，并将其作为预测变量。然后，通过数学算法对这些变量进行处理，以预测客户的风险状况。大数据算法主要分为无监督算法和有监督算法两大类。无监督算法主要用于挖掘数据中的潜在模式和结构，如聚类、异常检测和迁移学习等。这些算法通常需要一些额外的假设，适用于那些没有标记的样本。相比之下，有监督算法更适用于那些有大量标记样本的场景。通过对标记信息的高效学习，用监督算法可以获得远超业务经验的模型效果。在银行业务领域，信用评分是一种常见的信用风险管理方法。信用评分卡模型是金融领域使用最广泛的信用风险量化建模技术之一，它在传统信贷领域发挥着关键作用。信用评分卡模型通过数据挖掘和统计方法，将客户的特征转化为数量化的得分，从而实现对客户风险的量化，这为金融机构提供了一种有效的风险管理和控制工具。在构建信用评分模型时，可以根据不同的数据条件选择不同的建模方法。常用的建模方法包括专家打分法、逻辑回归模型法和基于机器学习训练方法的模型。

选择哪种方法进行模型开发，需要综合考虑多种因素，如坏样本数量、历史数据存储情况、数据质量等。总之，基于大数据的信用风险评估和预警方法为金融机构提供了一种高效、精准的风险管理工具，有助于提高金融机构的业务运营效率和风险控制能力。

第一节　专家评分法

专家评分法，也被称作专家经验法或者主观评估法，是一种用于确定信用风险因子和风险权重的方法，它依赖于专家的知识和经验。该方法主要采用定性描述的方式进行评估，被广泛应用于信用风险建模领域。在使用专家评分法进行信用风险建模时，通常会遵循以下步骤：首先，专家根据其经验和知识选择与客户信用风险相关的各种指标，并制定相应的评分规则；其次，信贷业务专家根据其丰富的业务经验，对这些指标进行评分；然后，模型构建人员根据专家评分，计算每个指标的权重；最后，根据指标的权重，给予每个指标相应的分值。

通过专家评分法，可以结合专家的主观判断和经验，对信用风险进行量化评估。然而，需要注意的是，由于该方法依赖于专家的主观评估，因此存在一定的主观性和局限性。为了提高评估的客观性，一些研究也尝试引入其他方法，如统计模型和机器学习算法，以辅助和完善专家评分法的结果。

一、专家评分具体步骤

专家评分具体步骤可以进一步细化如下几个环节。

（一）确定专家团队

商业银行根据所研发产品的定位和形态，从信贷业务风险专家库中选取并召集特定产品的评分专家。评分专家应具备相关领域的专业知识和经验，以确保其能够提供准确的评估和意见。

（二）确定评分指标及评分标准

步骤 1，产品研发及风险建模团队结合业务相关数据和专家经验，选择能够影响客户信用风险因素的各类指标。

步骤2，建立各项指标的评分规则，明确不同分值对应的风险程度。

（三）组织专家填写评分问卷

步骤1，设计专家评分问卷。在此步骤中，将各项指标和相应的评分规则列出。

步骤2，将问卷分发给评分专家。要求专家根据评分规则和自身的业务经验，对指标之间的相对重要性进行评分。

（四）对专家评分结果进行汇总、评分

步骤1，风控建模人员收集专家填写的评分问卷。

步骤2，对专家评分进行汇总，计算每个指标的平均分或加权平均分。

步骤3，使用层次分析法或其他适当的方法，对专家评分结果进行分析，以确定各项风险因子的指标权重。

（五）建立信用风险评分卡

步骤1，根据各项指标的权重，赋予每个指标相应的分值。

步骤2，建立标准信用风险评分卡，将客户的评分与相应的风险程度进行匹配，以实现客户类型细分和客户行为刻画的目的。

通过以上步骤，专家评分法可以为银行或其他机构提供一种定量评估客户信用风险的方法，并支持决策制定和风险管理工作。这种方法结合了专家的知识和经验，有助于提高评估的准确性和可信度。

二、基于AHP的评分结果分析

层次分析法（AHP）是一种将定性分析与定量分析结合在一起的多层次分析和系统分析方法。通过分层、比较、赋权等方法，使决策者能够根据不同的情况，进行决策。其关键步骤如下。

首先，对系统进行分层建模。通过对该问题的深度剖析，从上到下，根据各要素的性质，将其划分为多个层级。最上面的一层是一个单一因子；中层一般是标准或指示层，这一层次的所有

要素都隶属于上面的要素，并受下面要素的影响；最底层一般是一个计划或目标。

其次，将比较矩阵构建为对照矩阵。从层次分析模式的二层次出发，运用成对比较法与比较标度方法，将层次上各要素隶属或受其影响的层次上的各要素构成对照矩阵。利用定量的相对权 a_{ij} 来比较第 j 个要素与第 i 要素之间的相对重要性。假定参加对比的要素有 n 个，那么将 $A=(a_{ij})_{n\times n}$ 叫作成对对比矩阵。该矩阵的 a_{ij} 是 1～9 以及它们的倒数之间选取的，如下比重赋值：

$a_{ij}=1$，与元素 j 相比，元素 i 对上一层次因素的重要性与之相同；

$a_{ij}=3$，与元素 j 相比，元素 i 略重要；

$a_{ij}=5$，与元素 j 相比，元素 i 更重要；

$a_{ij}=7$，与元素 j 相比，元素 i 重要得多；

$a_{ij}=9$，与元素 j 相比，元素 i 极其重要；

$a_{i}=2n$，$n=1$，2，3，4，元素 i 与 j 的重要性介于 $a_{ij}=2n+1$ 与 $a_{ij}=2n-1$ 之间；$n=1$，2，…，9，当且仅当 $a_{ji}=n$ 时，$a_{ij}=1/n$。

再次，计算权向量，并做一致性检验。利用一致性指标、随机一致性指标和一致性比率，计算每一个成对比较阵的最大特征根及对应特征向量。若检验通过，归一化后的特征向量用权向量表示；若检验不能通过，需要重新构造成对比较矩阵。对成比较矩阵 A 进行一致性检验的步骤如下：

CI 是衡量成对比照矩阵 A（$n>1$ 阶方阵）不一致程度的指标：

$$CI=\frac{\lambda\max(A)-n}{n-1} \tag{4-1}$$

式（4-1）中，$\lambda\max$ 是矩阵 A 的最大特征值。按下面公式计算成对比较阵 A 的随机一致性比率 CR：

$$CR=\frac{CI}{RI} \tag{4-2}$$

式（4-2）中，RI 是指与矩阵阶数有关的平均随机一致性指标。当 $CR<0.1$ 时，则判定为成对比较阵 A 不一致程度在可以接受的程度内或者成对比较阵 A 的一致性较为满意；否则，当 $CR\geqslant 0.1$ 时，调整成对比较矩阵 A，直到一致性程度满意为止。

最后，对组合权向量进行计算，并做组合一致性检验。对最下层目标的组合权向量进行计算，并做基于公式的组合一致性检验。若检验通过，则可根据组合权向量表示的结果进行决策；若检验通不过，则需要重新构造一致性比率较大的成对比较阵或重新考虑模型。

通过 AHP 方法，决策者可以将问题分解成易于理解和分析的层次结构，并通过比较和权重赋值，对各个因素的重要性进行量化评估，这样可以帮助决策者更加客观地判断和选择合适的方案，提高决策质量和效果。

三、专家评分法的特点

专家评分方法的确具有一定的优势和适用性，特别适用于存在不确定因素或缺乏历史数据的情况下进行信用风险评估。该方法综合了多位专家的业务经验和判断，能够形成较为客观的风险判断，并通过指标权重的调节，提供相对合理的信用风险分析依据。

然而，专家评分方法也存在一些问题和局限性。首先，选取代表性的专家非常关键，这要求选取的专家具备权威性、全面性和充分的信贷产品风险认识，专家的选择可能会影响评分卡的有效性和结果的准确性。其次，选取专家的数量需要适中，虽然更多的专家参与评分可以提高评价的客观性，但是专家数量过多也可能导致问卷分析更为复杂，专家之间的判断可能出现相互矛盾的情况。最后，评分仍依赖于专家的主观判断，难以完全摆脱主观因素，存在一定的操作风险。因此，专家评分方法的结果可能受到个体主观偏见或不同专家之间的差异影响。

为了克服这些问题，有时候也可以考虑引入其他方法，如数据驱动的风险建模，以提高评估的客观性和准确性。同时，对专家的选择和培训也非常重要，以确保他们具备足够的专业知识和经验，并尽量减少主观偏见的影响。因此，专家评分方法虽然有其优势和适用性，但在实际应用中需要注意其局限性，合理运用和辅以其他方法，可以提高信用风险评估的准确性和可靠性。

第二节 基于逻辑回归的评分卡建模

随着计算机技术的迅猛发展，传统的评分卡模型建模方法正经历着革命性的变革。传统的专家评分方法逐渐被基于大数据的建模方法所取代，特别是在消费金融和小微信贷等领域。逻辑回归作为早期的机器学习方法，在基于大数据的信用风险建模中扮演着重要的角色。常见的逻辑回归方法主要有 Logistic 回归和 Probit 回归等。与 Probit 回归相比，银行风险建模人员更倾向于采用 Logistic 回归来构建信用风险评分卡，这种方法将原始数据进行分箱处理，经过特征工程转换后，应用于线性模型进行建模，并最终创建评分卡。这一过程为信用风险评估提供了更为精确和可靠的手段，促进了业务的快速发展。

逻辑回归仅支持数值型特征的输入且对特征尺度差异敏感，因此建模前的特征标准化过程是必需的，之后即可构建对数似然损失函数，并通过梯度下降法求解：

$$Loss = \sum - y_i \ln f(x_i) - (1 - y_i) \ln [1 - f(x_i)] \quad (4-3)$$

在损失函数计算之后，逻辑回归建模能够与客户违约比率建立天然的转换关系。通过一系列数学转换，逻辑回归模型的结果可以表现为评分卡形式，这极大地增强了模型的可解释性。评分卡提供了一种直观的方式，让业务人员和决策者理解模型的输出结果，并将其转化为实际决策的依据，这种转换关系使得模型更易于被理解和接受，有助于提高模型在实际应用中的可信度和可用性。

一、建模原理

Logistic 回归是广义线性回归的一种，它通过联系函数进行转换而获得。在信用风险评分卡开发中，Logistic 回归模型的因变量通常是表示账户违约状态的二元变量，用 1 表示违约，0 表示正常。自变量则包括客户的基本信息、资产信息、负债信息、征信信息、流水信息等，用于说明客户的特点。信用积分的实质就是通过对客户的过往资料进行归纳，归纳出顾客的类型，进而对新顾客进行归类。Logistic 回归在信用风险评分卡开发中扮演着核心角色。该模型对自变量进行了证据权重（WOE）转换，即将自变量转换为对应的权重，从而使得结果可以通过一个汇总表来展示，即所谓的标准评分卡。这种评分卡能够直观地展示每个自变量对信用风险的影响程度，为风险评估提供了便利和可靠性。

首先，假设有 n 个观测值包含违约状态变量 y。违约状态变量 y 有 1 和 0 两种取值：1 代表发生违约事件；0 代表正常状况、未出现违约。同时，假设 r 个预测变量被收集，即自变量 x_1，…，x_r。y_i 表示第 i 个观测值的因变量取值；x_{i1}，…，x_{ir} 表示第 i 个观测值的自变量取值。用 Logistic 回归模型计算发生违约事件（即 $y=1$）的概率为：

$$Pr\{y=1\}=\frac{\exp(\beta_0+\beta_1x_1+\cdots+\beta_rx_r)}{1+\exp(\beta_0+\beta_1x_1+\cdots+\beta_rx_r)} \tag{4-4}$$

在式（4-4）中，系数 β_0，β_1，…，β_r 称为模型的参数。其中，常数项 β_0 称为截距项；β_1，β_2，…，β_r 分别代表自变量 x_1，x_2，…，x_r 的参数估计值。将自变量 x 和模型参数 β 定义为 $r+1$ 维的向量，如下：

$$x^T=[1 \quad x_1 \quad \cdots \quad x_r] \tag{4-5}$$

$$\beta^r=[\beta_0 \quad \beta_1 \quad \cdots \quad \beta_r] \tag{4-6}$$

则式（4-4）的 Logistic 回归模型可以写出一个简化的形式。使用这两个向量，可以将式（4-4）重新整理为：

$$Pr\{y=1\}=\frac{\exp(\beta^Tx)}{1+\exp(\beta^Tx)} \tag{4-7}$$

式（4-7）的另外一种替代形式为：

$$Pr\{y=1\}=\frac{1}{1+\exp(-\beta^T x)} \tag{4-8}$$

为了简化符号，事件 $y=1$ 的概率简化为 p。因此，式（4-8）可以重写为：

$$p=\frac{1}{1+e^{-z}} \tag{4-9}$$

其中，$z=\beta^T x$，或者 $z=\beta_0+\beta_1 x_1+\cdots+\beta_r x_r$，对式（4-9）进行简单的转换，可以得到：

$$\ln\left(\frac{p}{1-p}\right)=z \tag{4-10}$$

Logistic 函数即为式（4-10）左边的转换式。其中，p 是违约发生的概率，而（$1-p$）是未出现违约的概率，$p/(1-p)$ 为违约发生概率和非违约发生概率之比，即 Logistic 回归模型是用违约发生概率和非违约概率之比的自然对数作为因变量的回归模型。

二、建模步骤

Logistic 回归建立信用风险评分卡的典型步骤包括数据获取和整合、探索性数据分析与数据描述、数据准备、变量选择、模型开发、模型评估、评分卡创建、评分卡实施、监测和报告等方面。在实际应用中，根据具体情况可以调整步骤的顺序，也可以重复某些步骤以获得更好的模型性能和评分效果。具体的开发流程如图 4-1 所示。

（一）数据获取和整合

在评分卡开发过程中，数据获取和整合是一个关键的步骤。商业银行通常会收集大量与信用风险相关的数据，并将这些数据存储在不同的数据库、表格或文档中。为了进行评分卡建模，需要将这些数据要素整合到一个数据表中，便于后续的数据处理和模型建立。在数据表中，每一行通常代表一个账户或客户。每一列代表一个特征或变量，这些特征可以包括个人信息（如年龄、

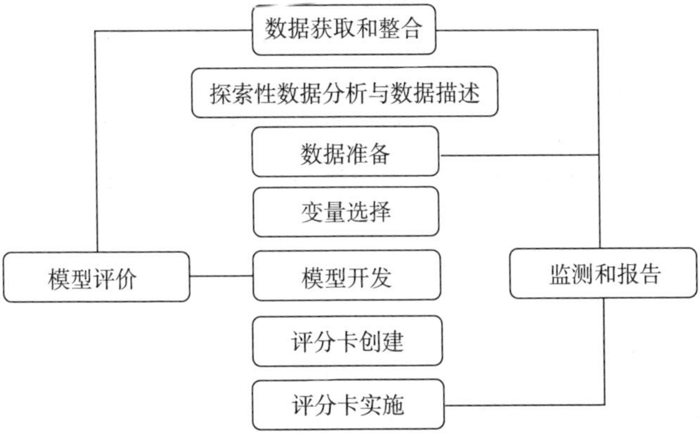

图 4-1　信用风险评分卡开发流程

性别、婚姻状况）、财务状况（如收入、资产、负债情况）、历史借贷记录（如还款情况、逾期次数）等与信用风险相关的信息。

数据获取和整合的过程中，需要确保数据的准确性、完整性和一致性。可能需要进行数据清洗和处理，处理缺失值、异常值等数据异常情况。同时，还需要注意数据的隐私和安全，确保符合相关法规和规定。通过将不同来源的数据整合到一个数据表中，可以为后续的特征工程和模型开发提供统一的数据基础。这样可以更好地理解数据，发现变量之间的关系，并进一步构建信用风险评分卡模型。

（二）探索性数据分析与数据描述

在评分卡开发过程中，探索性数据分析与数据描述是一个非常重要的步骤。描述样本总体情况的指标主要有直方图、箱形图等，通过对数据进行统计和可视化分析，可以更好地理解数据的特征和总体情况，有助于深度特征选择和模型开发。在这一步骤当中，常用的分析方法包括以下几个方面。

（1）候选预测变量的单变量统计特征评价。对每个候选预测变量进行统计分析，包括计算均值、方差、最大值、最小值等基本统计指标。这些指标可以帮助评估变量的分布情况、集中趋势和离散程度，进一步了解变量的特征。

（2）候选预测变量取值分布。通过直方图、箱形图等可视化方式展示候选预测变量的取值分布情况。这可以帮助发现变量是否存在异常值、缺失值或极端值，并对变量进行必要的处理。

（3）候选预测变量在不同条件下的违约概率分布。对候选预测变量进行分段或分类，并计算每个分段或分类条件下的违约概率分布。这可以帮助理解不同变量取值对违约率的影响程度，以及变量的预测能力。

（4）相关关系分析。通过列联表、相关系数等方法，确定不同变量之间的相关关系。这可以帮助评估变量之间的相关性，并进行变量的筛选和剔除，以避免多重共线性对模型结果的影响。

通过探索性数据分析与数据描述，可以对样本总体情况有一个整体的了解，并发现数据中的特点和潜在问题。这有助于后续的数据准备和特征识别，为建立准确、稳定的评分卡模型奠定基础。

（三）数据准备

数据准备是评分卡开发过程中非常关键的一步，其主要目的是将原始数据转化为可用于模型开发的格式化数据，为后续的特征选择和模型建立提供基础。在数据准备阶段，主要的工作包括以下几个方面。

（1）数据收集和整合。从不同渠道收集和整合建立评分卡所需的数据。这可能涉及从数据库、文件或其他系统中提取数据，并将其整合到一个统一的数据源当中。

（2）处理缺失值。对数据中的缺失值进行处理，可以采用填补缺失值的方法，如使用均值、中位数或其他统计指标填充缺失值，或者根据变量之间的关系进行差值处理。

（3）清理极端值。对数据中的极端值或异常值进行处理，这可以通过删除、替换或转换极端值来纠正数据中的异常情况，以减少对模型的影响。

（4）生成候选因变量。根据业务需求，可以生成其他的候选因变量，期望能够帮助提高模型的预测能力，可能包括建立新的衍生变量、指标或组合变量。

（5）定义建模视图和评分视图。根据评分卡的需求，定义建模视图和评分视图中使用的变量。建模视图通常包括自变量和因变量，用于模型开发和评估；评分视图则是用于对新样本进行评分的变量子集。

数据准备阶段通常是评分卡开发过程中耗时最长的阶段，需要仔细处理数据中的各种异常情况，确保数据的质量和可用性。数据准备的结果将直接影响评分卡模型的性能和预测能力，因此在整个评分卡开发过程中数据准备具有重要的意义。

（四）变量选择

变量选择在评分卡开发过程中是非常重要的一步，其主要目的是筛选出对违约状态影响最显著的指标，以构建更准确、稳定的评分卡模型。在变量选择过程中，通常使用统计学的方法来衡量变量之间的相关性和关联性，以判断其是否适合作为预测指标。以下是一些常用的原则和方法。

（1）相关性分析。通过计算变量之间的相关系数（如皮尔逊相关系数）来衡量变量之间的关联程度。如果两个变量之间存在强相关性，可以考虑只选择其中一个变量作为预测指标，以避免多重共线性对模型结果的影响。

（2）方差膨胀因子（VIF）。VIF 是用来评估多重共线性的指标，通过计算每个变量的 VIF 值，可以判断该变量与其他变量之间的相关性程度。一般来说，VIF 值大于 10 可能存在较强的多重共线性，需要考虑剔除这些变量。

（3）逐步回归。逐步回归是一种基于统计指标的变量选择方法，可以通过逐步加入或剔除变量来筛选出对目标变量影响显著的变量，常见的逐步回归方法包括前向选择、后向剔除和逐步回归。

（4）领域知识和业务理解。除了统计学的方法，还应结合相关领域业务和专业知识，考虑哪些变量在实际业务中更具有解释力和预测能力，从而进行变量的选择。

在变量选择过程中，需要注意避免选择具有强相关性的变量，以避免信息冗余和多重共线性问题。同时，也要考虑建模视图中的变量数量，选择与违约状态变量之间表现出强关联性的变量，以构建更精准和有效的评分卡模型。变量选择的结果将直接影响模型的性能和预测能力，因此在评分卡开发中具有重要的意义。

（五）模型开发

模型开发是评分卡开发过程中的核心环节，其主要包括变量分组（分段）、证据权重转换（WOE）、信息值计算（IV）和Logistic 回归估计四个部分。以下是对这些步骤的详细说明。

步骤 1，变量分组（分段）。对变量进行分组或分段操作。对于分类变量，通常将其不同的类别进行合并，以降低基数和减少模型复杂度。对于连续变量，需要将其划分为若干个分段，以便在评分卡中使用标准评分卡格式。

步骤 2，证据权重转换。对分组或分段操作后的变量进行 WOE 转换。WOE 转换是一种将变量转化为具有统计意义的证据权重的方法。通过计算每个分组或分段的违约率与整体违约率之间的差异，可以得到 WOE 值。这种转换将原始变量转化为具有可解释性和预测能力的指标。

步骤 3，信息值计算。通过计算每个变量的信息值（IV），可以评估变量的预测能力和与目标变量的相关性。信息值度量了变量的重要性，可以用于变量选择的依据，较高的信息值表示变量具有较强的预测能力。

步骤 4，Logistic 回归估计。使用 Logistic 回归方法对证据权重转换后的变量进行建模。Logistic 回归是一种常用的二分类模型，可以根据变量的 WOE 值和信息值进行参数估计，得到评分卡模型的系数和截距。通过 Logistic 回归模型，可以根据变量的权重得分来预测个体的违约概率。

需要注意的是，评分卡开发中使用的所有变量都需要进行证据权重转换，这是评分卡开发过程中一个特有的步骤。通过这一步骤，可以将各个变量转化为具有统计意义和预测能力的指标，并用于构建评分卡模型。模型开发是评分卡开发过程中最重要的一步，通过合理的变量分组或分段、证据权重转换和 Logistic 回归估计，可以构建具有较高预测能力和解释力的评分卡模型。

（六）模型评价

在评分系统中，模型评价是评分系统发展的关键环节，它的关键在于评价系统的判别能力、稳定性、可解释性和预报能力，生成评价结果，以判定该系统的实用性。在模型评估过程中，可以采用以下一些常用的模型评估统计量来评估模型的性能。

（1）洛伦兹曲线和 KS 统计量。洛伦兹曲线是用于评估模型的区分能力的一种可视化工具，通过绘制洛伦兹曲线并计算 KS 统计量，可以衡量模型在不同违约概率阈值下的区分能力。KS 统计量越大，表示模型的区分能力越好。

（2）ROC 曲线和 AUC 值。ROC 曲线是用于评估模型的预测能力的一种常用工具，通过绘制 ROC 曲线并计算曲线下的面积（AUC 值），可以衡量模型在不同阈值下的真阳性率与假阳性率的平衡情况。AUC 值越接近 1，表示模型的预测能力越好。

（3）模型稳定性验证。可以使用验证数据集对模型进行验证，以检验模型在新数据上的稳定性。通过比较模型在训练集和验证集上的性能指标，如 KS 值、AUC 值等，可以评估模型的稳定性。

（4）变量的经济学意义和业务可解释性。在评估模型的可解释性时，需要考虑模型中各变量的经济学意义和业务上的可解释性。模型中的各变量及其分析应能够在业务上得到合理解释，以便对模型结果进行解读和应用。

除了以上的评估统计量，还可以结合领域知识和业务理解，对模型的性能进行综合评估。模型评估的结果将直接影响模型的可靠性和应用价值，因此在评分卡开发过程中具有重要的意义。

（七）评分卡创建

评分卡的创建是评分卡开发过程的最后一步，其主要目的是根据 Logistic 回归的系数和证据权重转换等信息来确定信用风险评分，并将 Logistic 回归模型的结果转化为标准评分卡形式。评分卡的创建通常包括以下几个步骤。

步骤 1，计算基础分。基础分是评分卡中用于度量客户信用风险的基准分数，可以通过将违约概率转化为对数概率，并乘以一个基准分数来计算基础分。基准分一般为 500 或者 550，可以根据实际情况进行调整。

步骤 2，计算分数刻度。分数刻度用于将基础分映射到具体的分数区间。可以根据业务需求和实际情况，设置不同的分数刻度，并确定每个刻度对应的分数范围。

步骤 3，计算变量分数。根据 Logistic 回归的系数和 WOE 转换等信息，可以计算每个变量对应的分数。一般通过将每个变量的 WOE 乘以其系数，并乘以一个转换系数（如 20），再加上偏移量（offset）来计算变量分数。

步骤 4，计算总分。将各个变量的分数累加，再加上基础分，即可得到客户的总分数。总分可作为评估客户信用风险的指标，分数越高表示客户信用风险越低，分数越低表示客户信用风险越高。

步骤 5，设置评级规则。根据总分的范围和业务需求，可以将总分划分为不同的评级等级，如优秀、良好、一般和不良等。每个评级等级可以对应不同的信用风险水平和相应的建议行动。

评分卡的创建是将 Logistic 回归模型的结果转化为标准评分卡形式的过程，通过将比值表示的违约概率取对数并转化为线性表达式，可以将模型结果转化为易于理解和应用的评分形式。评分卡的创建对于评估客户信用风险、制定信用决策以及个性化定价等方面具有重要的作用。

（八）评分卡实施

评分卡的实施是将标准评分卡部署在银行风控系统，实现自动化的信用评分过程。以下是一般的实施步骤和流程。

步骤 1，数据准备。首先，需要准备用于信用评分的数据集，包括客户的基本信息和与信用风险相关的变量。这些数据应该是经过清洗和预处理的，确保其准确性和完整性。

步骤 2，模型部署。将已经创建好的评分卡模型部署到银行风控系统中。这涉及将评分卡模型的计算逻辑和分数计算公式与风控系统相集成，以便能够自动化地进行信用评分。

步骤 3，数据预处理。在进行信用评分之前，需要对待评分的客户数据进行预处理，包括数据清洗、缺失值处理、变量转换和分箱等步骤，以确保数据符合评分卡模型的要求。

步骤 4，信用评分。通过将客户数据代入评分卡模型中的公式，计算出客户的信用评分，这个评分可以作为客户信用风险的指标，用于辅助决策和风险控制。

步骤 5，结果输出。将信用评分结果输出到风控系统中，以便系统能够根据评分结果自动化地进行后续的信用决策，如授信、定价、拒绝申请等。

步骤 6，模型监测和更新。定期对评分卡模型进行监测和更新，以确保模型的准确性和稳定性，可以使用历史数据进行模型的验证，根据新的数据和业务需求进行模型的调整和更新。

评分卡的实施在银行风控系统中的自动化信用评分过程中起到关键作用，能够提高信用决策的效率和准确性，它可以帮助银行对不同客户进行快速、一致和可靠的信用风险评估，以支持风险管理和业务决策。

三、模型特点

评分卡技术使用逻辑回归作为训练方法确实具有很多优点。首先，逻辑回归是一种简单而有效的机器学习算法，容易理解和实现，对于初学者而言较容易掌握。其次，逻辑回归模型可以提供可解释性较强的结果，可以清晰地解释特征对于预测结果的影响程度。这一点在金融领域尤为重要，因为监管机构要求对于信用评分等关键领域的决策进行解释和说明。最后，逻辑回归模型还具有稳定性较高的特点，对于数据集的变化和噪声的干扰有较好的稳健性，因此适用于长期部署和迭代更新。从模型效果上看，评分卡技术使用逻辑回归作为训练方法，具有容易掌握、可解释性强、符合监管要求、稳定性高、部署迭代便捷等特点（表 4 - 1）。

表 4 - 1 基于逻辑回归的评分卡建模优势

优势	具体解释
容易掌握	评分卡技术采用逻辑回归完成模型构建，逻辑回归作为机器学习领域最基础算法，原理简单，参数少，容易被快速掌握
可解释性强	评分卡可以转换为表格打分的形式，客户每个特征不同取值的评分公开透明，容易被业务人员接受并验证
符合监管要求	一些信贷产品的监管法规规定客户有了解信用评分和评分理由的权利，评分卡可以满足这一要求
稳定性高	评分卡入模的变量一般控制在 10～20 个，在建模过程中可以尽可能地选用稳定性高的变量，这样构建的模型效果稳定，发生波动的概率小
部署迭代便捷	评分卡模型通过简单的判断逻辑即可实现快速部署迭代

第三节　决策树模型介绍

决策树（decision tree）是基于贝叶斯定理建立起来的一种经典的数据特征分类分析法，也是经典的回归分析法，该模型可以帮助选择最佳行动方针。本节具体介绍决策树模型的基本原理和如何进行决策树剪枝，以减少过拟合现象，提高预测准确度。

一、决策树模型原理

决策树由多个边和节点组成，节点分为叶节点和内部节点两种类型，叶节点表示一个类别，内部节点表示变量的属性或特征，决策树的末端叶节点代表最终的决策结果，其他节点对应属性的判断规则。决策树的决策过程从根节点开始，对等待分类的数据属性进行测试，并根据测试结果选择相应的分支，直到最终到达叶节点。每个叶节点都与一个特定分类相对应，作为最终的决策结果。决策树示意图如图 4-2 所示。

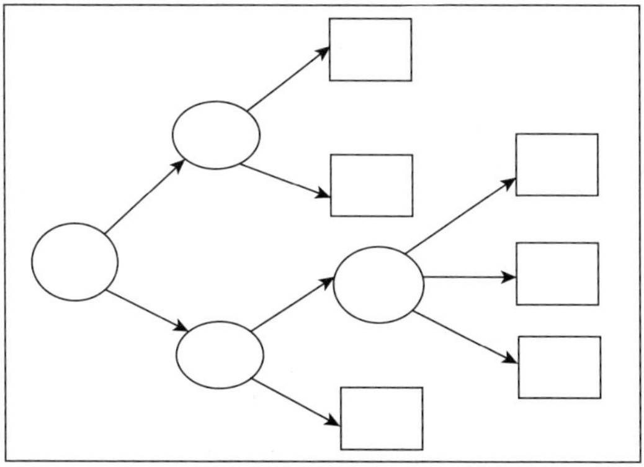

图 4-2 决策树示意图

基于“熵”的概念决定哪个变量作为子节点，哪个变量作为根节点。“熵”表示一条信息的信息量大小和不确定性之间的关系，当熵值越大时，信息的不确定性越大。根据这个原理，在决策树中确定节点的顺序时，会选择具有更高熵值的变量作为根节点，而将熵值较低的变量分配给子节点。假设变量 X，它有（$i=1, 2, 3, \cdots, n$）种情况，p_i 表示第 i 种情况的概率，那么随机变量 X 的“熵”定义为：

$$H(X)=-\sum_{i=1}^{n} p_i \log_2(p_i) \tag{4-11}$$

在式（4-11）中，p 代表概率值，H 为熵值，即随机不确定性。当 p 的取值等于 0.5 时，熵的取值结果为 1，表示随机变量的不确定性达到最大程度；当 p 接近于 1 或 0 时，则 H 接近于 0，即此时随机变量不确定性降低，在不断最小化熵的过程中降低分类错误率；当 p 的值等于 1 或 0 时，熵的取值结果为零，表示随机变量没有不确定性（如图 4-3 所示）。将熵最小的变量作为父节点生成决策树，随后父节点继续向下分裂，在分裂过程中会产生多个选项，针对每个选项，与分裂前的分类错误率进行对比，将能够最大程度降低熵值的选项作为最优选择。整个过程不断重复，直到达到最终的叶节点。

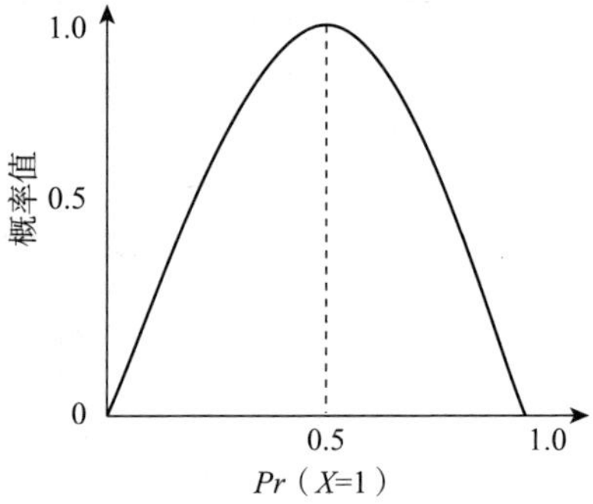

图 4－3　熵值与概率值之间的关系

在计算不确定性的减少程度时需要引入"条件熵"（conditional entropy）的概念。设随机变量（X，Y）的联合概率分布为：

$$p(X=x_i, Y=y_i)=p_{ij};\ i=1,2,\cdots,n;\ j=1,2,\cdots,m \tag{4-12}$$

"条件熵"H（Y | X）表示在已知随机变量 X 的条件下，随机变量 Y 的不确定性；即给定 X 条件下 Y 的条件概率分布的熵对 X 的数学期望。

$$H(Y \mid X)=\sum_{i=1}^{n} p_i H(Y \mid X=x_i);\quad p_i=P(X=x_i),\ i=1,2,\cdots,n \tag{4-13}$$

由此，我们可以得到信息增益（information gain），即当得到特征 X 的信息后，能在多大程度上减少分类 Y 信息的不确定性。我们可以将特征 A 对训练数据集 D 的信息增益 g（D，A），定义为集合 D 的经验熵 H（D）与特征 A 给定条件下 D 的经验条件熵 H（D | A）两者之差，即：

$$g(D, A)=H(D)-H(D \mid A) \tag{4-14}$$

利用信息增益准则来选择特征是决策树学习的主要思路。给定训练数据集 D 和特征 A，经验熵 H（D）表示对数据集 D 进行分类时的不确定性。不同的特征通常具有不同的信息增益，信息增益越大的特征具有更强的分类能力。一般来说，信息增益越大，意味着使用特征 A 对数据集进行划分所能获得的“纯度提升”越大。决策树的大体流程可以概括如下：

步骤 1，决策的构建。在这一环节当中，需要对相关数据进行统一规范化处理，并对结果进行标签化设定。

步骤 2，样本数据的分类。将样本数据分为训练样本集和测试样本集两大部分，并对数据的统计性特征进行记录。

步骤 3，信息增益度的计算。根据样本数据计算各个特征属性的信息增益度，并按照从大到小的顺序对计算得出的信息增益度进行排序，从中选出增益度最大的特征属性。

步骤 4，节点分类。指定信息增益最大的属性为根节点，并根据该属性的阈值进行分类，创建节点的边，每条边对应一个叶节点。基于训练样本集重复执行以上步骤，直到出现一个叶节点上的数据属于同一类别或无法再进行分割，算法结束。

步骤 5，阈值优化。将测试样本集中的数据应用于决策树，对阈值进行优化，以提高决策树的预测精确度。

二、决策树剪枝

由于在构建决策树的过程中每个属性都被考虑进去，为实现“纯”的效果，叶节点会包含所有训练样本数据的分类结果，因此通过对数据进行训练得到的决策树模型通常会非常庞大和详细。因此，使用决策树对训练集样本进行分类时，预测结果通常准确率高，误差率很低。然而，当运用决策树对测试集数据进行分类时，预测出现“过拟合”现象，误差率较高。一般采用决策树剪枝算法解决“过拟合”问题，以提高决策树模型的泛化能力和对未知数据的预测能力。该算法通过对具有相同父节点的一组节点进行检查，如果发现将某些子节点合并后，熵的增加小于某个阈值，则可以将这些子节点作为一组合并为一个节点。决策树剪枝算法其原理就是从完整决策树的底部去除一些分支，用叶节点来替代被去除分支，以达到缩减决策树规模、简化模型的效果。通过剪枝过程，决策树模型变得更简洁，去除了冗余的分支，提高了泛化能力，减少了过拟合现象，从而能够更准确地预测未知数据的分类结果。剪枝的流程步骤如下所示：

步骤 1，设 $K=0$，$T=T_0$；

步骤 2，设 $a=\infty$；

步骤 3，自下而上对各内部节点 t 计算 $C(T_t)$，T_t 表示以 t 为根节点的子树，$C(T_t)$ 是对训练集数据的预测误差，$|T_t|$ 是 T_t 的叶节点个数；

$$g(t)=\frac{C(t)-C(T_t)}{|T_t-1|} \tag{4-15}$$

$$a=\min(a,\ g(t)) \tag{4-16}$$

步骤 4，对 $g(t)=a$ 的内部节点 t 进行剪枝，并对叶节点 t 以多数表决法决定其分类，得到树 T；

步骤 5，设 $k=k+1$，$a_k=a$，$T_k=T$；

步骤 6，如果 T_k 不是由根节点及两个叶节点构成的树，则重新返回到步骤 2，否则令 $T_n=T_k$；

步骤 7，基于交叉验证法在 T_0，T_1，…，T_n 子树序列中选取最优子树 T_0。

第四节　随机森林模型介绍

随机森林是一种集成学习方法，该方法从所有特征属性中随机选择多个属性作为一个属性集，然后从该属性集中选择最优划分属性来建立决策树组成决策算法森林。本节具体介绍随机森林模型的基本思路、随机森林算法步骤、模型的确立和优化。

一、模型基本思想

随机森林是一种利用 bagging 算法思想的集成学习方法，它通过随机选择特征来构建一个由多个无关联决策树组成的森林，其中的基学习器采用 CART 决策树。CART 决策树是一种分类回归树，其节点除了叶节点外只能分为两个分支。与决策树学习过程中根据基尼指数、信息增益、信息增益率等准则从待划分属性集中选择最优划分属性相似，随机森林算法从所有特征属性中随机选择 k 个属性作为一个属性集，然后从该属性集中选择最优划分属性来建立 CART 决策树。其中，k 控制了随机性的引入程度。在每个基学习器对样本进行预测之后，需要将所有基学习器的预测结果结合起来，输出最终的结果。下面介绍几种常见的结果结合策略。

1. 平均法

平均法具体可分为加权平均法和简单平均法两种不同方法，假定模型包含 T 个基学习器 $\{h_1, h_2, \cdots, h_T\}$，其中，$h_i$ 在示例 x 上的输出记为 $h_i(x)$，具体计算公式如下所示：

（1）简单平均法：$H(x)=\frac{1}{T}\sum_{i=1}^{T}h_i(x)$ （4-17）

（2）加权平均法：$H(x)=\frac{1}{T}\sum_{i=1}^{T}w_ih_i(x)$ （4-18）

其中 w_i 是个体学习器 h_i 的权重。

2. 投票法

投票法具体可分为相对多数投票法、绝对多数投票法和加权投票法三种不同方法，假定模型包含 T 个基学习器 $\{h_1, h_2, \cdots, h_T\}$，其中，$h_i$ 在示例 x 上的输出记为 $h_i(x)$，具体计算公式如下所示。

（1）绝对多数投票法。

$$H(x)\begin{cases}c_j,\ \text{if}\sum_{i=1}^{T}h_i^j(x)>0.5\sum_{k=1}^{N}\sum_{i=1}^{T}h_i^k(x)\\ \text{拒绝，其他情况}\end{cases} \quad (4-19)$$

其中，c_j 表示类别标记，$h_i^j(x)$ 表示 $h_i(x)$ 在 c_j 上的输出。

（2）相对多数投票法。

$$H(x)=\arg\max_j\sum_{i=1}^{T}h_i^j(x) \quad (4-20)$$

（3）加权投票法。

$$H(x)=\arg\max_j \sum_{i=1}^{T} w_i h_i^j(x) \tag{4-21}$$

其中，w_i 是个体学习器 h_i 的权重。

二、随机森林算法的步骤

随机森林算法是一种基于 Bagging 框架的决策树模型，它由多棵决策树组成，每棵树都能提供分类结果。随机森林的生成步骤如下。

步骤 1，利用 Bagging 算法从原始样本集中随机抽取 k 个样本集，并利用这 k 个样本集构建 k 棵 CART 决策树。被抽取的样本数据中有一定比例的数据未被选中，作为袋外数据（out-of-bag data，简称 OOB data）。袋外数据的比例是理论上的近似值，并不是一个固定的数值，实际中通常接近 36.8%的概率，这是随机森林算法的一个特性，它来源于有放回抽样的数学期望。当样本数量足够大时，每棵树大约有 36.8%的样本不会被选中，即每棵树都有大约 1/3 的样本作为袋外数据，可以用来评估模型的性能，而不需要单独的测试集。

步骤 2，假设样本集中有 m 个特征变量，在构建每棵 CART 决策树时，从这 m 个特征中随机选择 $mtry$ 个特征变量，并根据将样本集不纯度最小化的准则选择最优划分属性。每棵决策树都自由生长，不进行剪枝处理。最后，可以通过对未被抽样的袋外数据进行评估来估计随机森林模型的泛化误差。

步骤 3，将所有的 CART 决策树汇总形成随机森林，并利用随机森林模型对新添加的数据进行预测，通过将每个基学习器的结果结合起来，得到最终的预测结果。随机森林算法通过集成多个决策树的预测结果，能够提高分类或回归的准确性和稳定性，每个决策树都是基于随机选择的样本和特征构建的，从而增加了模型的多样性和稳健性。

三、模型的确立和优化

1. 模型的泛化误差

在介绍如何选择最优模型参数之前，需要先了解模型的泛化误差。随机森林通过 Bagging 算法对训练样本进行抽样来生成基学习器，在样本量足够大时，大约有比例高达 36.8%的样本不会被抽到，我们可以利用这部分样本来计算模型的误差，这个误差被称为袋外误差。具体步骤如下：首先，在测试已经构建好的随机森林模型性能时，假设袋外数据的总量为 100，我们将这 100 个袋外数据输入到已经训练好的随机森林模型中，模型将给出这 100 个数据的预测结果。由于这 100 条数据的真实值是已知的，我们可以将模型的预测结果与这 100 个数据的真实值进行比较。其次，对于分类问题，我们可以统计随机森林模型在这 100 个数据中分类错误的样本数量，假设分类错误的样本个数为 X，那么袋外数据的误差大小可以表示为 $X/10$，通过计算袋外误差，我们可以评估随机森林模型的性能和泛化能力。最后，较低的袋外误差意味着模型在未见过的数据上具有较好的准确性，在选择最优的模型参数时，我们可以根据袋外误差的变化情况来进行比较，找到使袋外误差最小的参数组合，以获得更好的模型性能。该误差被证实是随机森林模型泛化误差的一个无偏估计，所以在随机森林模型中不需要再单独设立验证集或者进行交叉验证来获取模型的泛化误差。

2. 模型参数的确定

首先，确定决策树数量（ntree）。随机森林的思路是运用 Bagging 算法抽取 n 个样本集，在此基础上利用这 n 个样本集进行训练，产生 n 棵决策树。通过将 n 设为“100，200，300，400，…，1 000”，分别根据袋外数据来计算模型的泛化误差，选取使得泛化误差最小的 n 为最优取值。

其次，确定特征个数（mtry）。参数 $mtry$ 表示在构建随机森林时每棵决策树中选择的特征变量个数 k，基于模型的误差确定 k

的值。通常情况下，log2d 为推荐的 k 值，其中 d 为数据中的特征总数。然而，推荐的 k 值并不一定是在实际的模型预测效果中最优的，因此我们需要进行多次尝试来确定最优的 k 值。可以通过构建 m 组随机森林模型，每个模型选择不同的 mtry 值（从 1 到 m）来确定 k 的最优取值。对于每个模型，我们计算其对应的袋外误差（out-of-bag error，简称 OOB）得到一个误差序列，然后选择使误差最小的 k 值作为最优取值，这种方法可以通过比较不同 mtry 值下的模型性能来确定最佳的特征变量个数，从而提高模型的预测效果。

第五节　支持向量机模型介绍

支持向量机（support vector machine，简称 SVM）是一种从一组样本数据中寻找全局最优解来进行分类的处理二分类问题的广义线性分类器模型。SVM 可以实现对高维非线性目标进行分类和预测，具有稳定性和稀疏性。支持向量机很大程度上克服了过度学习和维数灾难问题，在解决样本量较小但维数较高问题时展现出独特的优势，因此在工业、生物、环境、医学、金融等各个领域得到广泛应用。

一、支持向量机、分类超平面与最大间隔

支持向量机的基本原理是寻找一个满足分类要求的最优分类超平面，该超平面在保证分类准确性的同时，能够使超平面两侧的边界区域最大化。理论上，支持向量机可以实现对线性可分数据的最优分类。例如，给定训练样本集 $D=\{(x_1,\ y_1),\ (x_2,\ y_2),\ \cdots,\ (x_m,\ y_m)\}$ 和类标签 $y\in\{-1,\ 1\}$ 。我们希望在样本空间中找到一个分类超平面，能够将数据集 D 中的两类样本分开。存在许多可能的分类超平面，我们需要寻找其中使两类训练样本之间间隔最大化的最优分类超平面。这个分类超平面对于训练样本的局部扰动具有很好的容忍性，从而产生具有稳健性的分类结

果。在样本空间中，分类超平面可表示为如下线性方程：

$$\omega^T x + b = 0 \tag{4-22}$$

在式（4-22）中，$\omega = (w_1, w_2, \cdots, w_m)^T$ 为法向量，表示分类超平面的方向；b 为位移项，表示分类超平面与原点之间的距离。则分类超平面可被法向量心和位移 b 确定，可记为(ω, b)，样本点 x 到分类超平面(ω, b)的距离可写为：

$$r = \frac{|\omega^T x + b|}{||\omega||} \tag{4-23}$$

若分类超平面(ω, b)能够将训练样本正确分开，则对$(x_i, y_i) \in D$。当 $y_i = -1$ 时，$\omega^T x_i + b < 0$；当 $y_i = +1$ 时，$\omega^T x_i + b > 0$。故令：

$$\begin{cases} \omega^T x_i + b < 0, & y_i = -1 \\ \omega^T x_i + b > 0, & y_i = +1 \end{cases} \tag{4-24}$$

式（4-24）中，距离分类超平面最近的训练样本点使得式中等号成立，我们称之为“支持向量”（support vector），两个不同类的支持向量到分类超平面的距离之和为 $\gamma = \frac{2}{||\omega||}$，我们称之为“间隔”（margin）。于是，寻找具有最大“间隔”的分类超平面，即转换为寻找使得 γ 最大的参数 ω 和 b，即：

$$\max \frac{2}{||\omega||} \tag{4-25}$$

$$\text{s.t. } y_i(\omega^T x_i + b) \geqslant 1, \ i = 1, 2, \cdots, m \tag{4-26}$$

式（4-25）和式（4-26）分别等价于：

$$\min \frac{1}{2} ||\omega||^2 \tag{4-27}$$

$$\text{s.t. } y_i(\omega^T x_i + b) \geqslant 1, \ i = 1, 2, \cdots, m \tag{4-28}$$

式（4-27）和式（4-28）分别为式（4-25）和式（4-26）的等价转化形式，是支持向量机的基本类型。

二、拉格朗日乘子法与对偶问题

由上节的分析可以看出，求支持向量机最优分类超平面的问题实则为一个约束最优化求解问题。我们使用拉格朗日乘子法，对每条约束添加拉格朗日乘子 $\alpha_i \geqslant 0$，则该问题的拉格朗日函数可写为：

$$\mathrm{L}(\omega, b, \alpha) = \frac{1}{2} || \omega ||^2 + \sum_{i=1}^{m} \alpha_i (1 - y_i(\omega^T x_i + b)) \tag{4-29}$$

其中，$\alpha = (\alpha_1, \alpha_2, \cdots, \alpha_m)^T$。

约束最优化问题的解由拉格朗日函数的鞍点决定，并且在鞍点处满足对 ω 和 b 的偏导为零。将该问题转化为相应的对偶问题：

$$\max \sum_{i=1}^{m} \alpha_i - \frac{1}{2} \sum_{i=1}^{m} \sum_{j=1}^{m} \alpha_i \alpha_j y_i x_i^T x_j \tag{4-30}$$

$$\mathrm{s.t.} \sum_{i=1}^{m} \alpha_i y_i = 0, \ \alpha_i \geqslant 0, \ i = 1, 2, \cdots, m \tag{4-31}$$

解得最优解 $\alpha^* = (\alpha_1^*, \alpha_2^*, \cdots, \alpha_m^*)^T$。

计算最优参数 ω^* 和 b，分别为：

$$\omega^* = \sum_{j=1}^{m} \alpha_j^* y_j x_j^T \tag{4-32}$$

$$b^* = y_i - \sum_{j=1}^{m} y_j \alpha_j^* (x_j^T \times x_i) \tag{4-33}$$

上式中，下标 $j \in \{\alpha_j^* > 0\}$。b^* 可通过任一支持向量求出。

因此，得到最优分类超平面 $\omega^{*T} x + b^* = 0$，而最优分类函数为：

$$\mathrm{f}(x) = \mathrm{sgn}\{\omega^{*T} x + b^*\} = \mathrm{sgn}\{(\sum_{j=1}^{m} \alpha_j^* y_j (x_j^T \times x)) + b^*\}, \ x \in R^n \tag{4-34}$$

三、特征空间与核函数

上述支持向量机理论是基于训练样本是线性可分的假设，而实际数据可能是线性不可分的。在这种情况下，SVM 的主要思想是将样本从原始空间映射到更高维度的特征空间，使样本在该特征空间中是线性可分的，从而在该特征空间中构造最优分类超平面。令 $\phi(x)$ 表示 x 从输入空间 R^n 到特征空间 H 的变换，则在特征空间中分类超平面可表示为：

$$\mathrm{f}(x)=\omega^T\phi(x)+b \tag{4-35}$$

在式（4-35）中，ω 和 b 为模型参数。类似于线性可分的情况有：

$$\min_{\omega,\ b}\frac{1}{2}\ ||\ \omega\ ||^2 \tag{4-36}$$

$$\text{s. t. } y_i(\omega^T\phi(x_i)+b)\geqslant 1,\ i=1,\ 2,\ \cdots,\ m \tag{4-37}$$

其对偶问题为：

$$m_\alpha x\sum_{i=1}^{m}\alpha_i-\frac{1}{2}\sum_{i=1}^{m}\sum_{j=1}^{m}\alpha_i\alpha_j y_{ij}\phi(x_i)^T\phi(x_j) \tag{4-38}$$

$$\text{s. t. }\sum_{i=1}^{m}\alpha_i y_i=0,\ \alpha_i\geqslant 0,\ i=1,\ 2,\ \cdots,\ m \tag{4-39}$$

上式中，内积 $\phi(x_i)^T\phi(x_j)$ 的计算可以使用“核函数”（kernel functions）：

$$\mathrm{k}(x_i,\ x_j)=\langle\phi(x_i),\ \phi(x_j)\rangle=\phi(x_i)^T\phi(x_j) \tag{4-40}$$

即 x_i 和 x_j 在特征空间的内积可写成其在样本空间中的函数 k（x_i，x_j）。求解上式得到参数 ω 和 b，则最优分类超平面可表示为：

$$\begin{aligned}\mathrm{f}(x)&=\omega^T\phi(x)+b=\sum_{i=1}^{m}\alpha_i y_i\phi(x_i)^T\phi(x)+b\\&=\sum_{i=1}^{m}\alpha_i y_i\mathrm{k}(x_i,\ x)+b\end{aligned} \tag{4-41}$$

由于 SVM 的理论建立在样本在特征空间内线性可分的假设下，因此特征空间的选择非常重要。在实际应用中，我们可以通过选择合适的核函数来定义特征空间，从而将非线性可分的样本映射到一个更高维的空间中。因此，核函数的选择成为构建 SVM 模型的关键决策之一。

第六节　基于大数据的神经网络建模

神经网络模型是一种以人类大脑中神经元为单位构造复杂系

统的生物算法，属于机器学习模型的范畴。该方法利用神经网络中的拓扑结构来实现各个节点之间的信息转移，从而使整个神经网络的复杂性和灵活性得到提高。该模式既可进行非线性建模，又可进行抽象建模，因而在预报性能上有其独有的优越性。基于大数据的神经网络模型包括 BP 神经网络、图神经网络等。

一、BP 神经网络模型原理

BP 神经网络由输入层、隐含层和输出层三个层次组成。其核心原理是，数据从输入层开始，经过隐含层逐层传播，最终到达输出层。在进行网络权值训练时，BP 神经网络通过沿着减少误差的方向，将输出层产生的误差逐步向前传播修正，直至达到输入层。BP 神经网络通过梯度下降法和反向传播算法解决了神经网络计算难度大、计算时间长的问题。梯度下降法通过不断调整网络中的权值和阈值，使得网络的输出逐渐接近期望输出。反向传播算法则是计算输出层与目标值之间的误差，并将误差分摊到各层的神经元上，以更新权值和阈值。这种迭代的过程使得网络能够逐渐优化，提高输出的准确性。神经网络的结构示意图如图 4－4 所示。

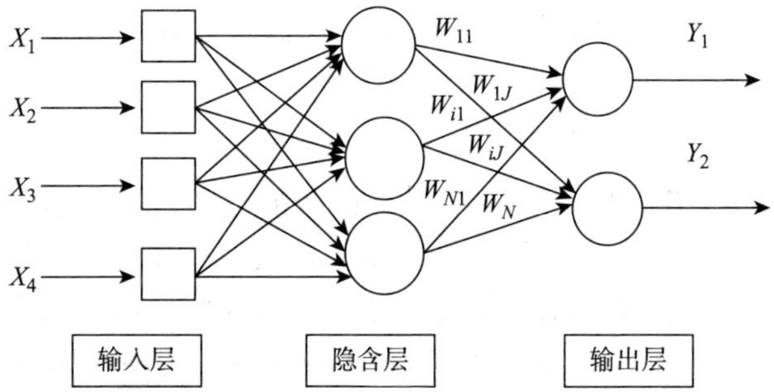

图 4－4　神经网络结构示意图

BP 神经网络具有较强的拟合能力，能够逼近任意的连续函数。相比于只有两层结构的神经网络，BP 神经网络的三层及以上结构使得模型的表达能力更强，能够处理更加复杂的问题。BP 神经网络已被广泛地用于模型识别与分类、非线性映射、过程控制以及复杂系统模拟等诸多方面。总体而言，BP 神经网络是一种优秀的神经网络模型，通过梯度下降法和反向传播算法实现了网络权值的有效训练。其强大的拟合能力和广泛的应用领域使得 BP 神经网络成为研究和应用的热点。BP 神经网络的基本模型如下所示。

首先，网络初始化。令输入向量为 $X=(X_1, X_2, \cdots, X_i, \cdots, X_m)^T$，根据系统输入序列确定网络输入层节点数，输入层神经元由输入向量决定。对于输入层，一般采用一种线性的方法。隐含层是放射状的底层，其基函式一般以高斯函式为转移函数：

$$\exp[-(X-X_i)^T(X-X_i)/2\sigma^2] \tag{4-42}$$

在式（4-42）中，光滑因子 σ 的选择对网络性能影响很大。当光滑因子趋近于零时，则网络过拟合；光滑因子取值较大，输出值与样本因变量的平均值近似相等。隐含层输出向量为 $Y=(Y_1, Y_2, \cdots, Y_i, \cdots, Y_m)^T$；输出层输出向量为 $Q=(Q_1, Q_2, \cdots, Q_i, \cdots, Q_l)^T$。从输入层到隐含层之间的权值矩阵用 W 表示，$W=(W_1, W_2, \cdots, W_i, \cdots, W_m)^T$，其中列向量 W_j 为隐层第 j 个神经元对应的权向量；隐含层到输出层之间的权值矩阵用 Z 表示，$Z=(Z_1, Z_2, \cdots, Z_k, \cdots, Z_m)^{\mathrm{T}}$，其中列向量 Z_k 为输出层第 k 个神经元对应的权向量。

其次，对于神经网络的预测，一般都要先对其进行标准化的预处理。由于网络中各个输入节点的值差异较大，所表征的物理参数各异，各个参数的训练样本之间没有比较性，因此难以对其进行高效的评价。所以，在神经网络预报前，必须先对其进行标准化，以保证其在同一范围内。

最后，要确定适当的学习率。选取合适的学习率，可以使得神经网络迅速、高效地收敛到预先设定的错误区间。此外，还必须对输出节点进行选定。在人工神经网络的训练过程中，所需的预测结果是确定的，并可借由数学统计方法、历史资料及评价等方式获得。得出的结论与信贷风险评估的结果相对应。

在此基础上，利用非线性基函数值对神经网络进行线性合成，可以将神经网络的输入与输出进行非线性变换。另外，该方法利用神经网络对各中间层权值进行了线性化处理，从而提高了神经网络的外推性能，提高了计算速度。此外，该模型还具备强大的非线性映射能力，使其对复杂的数据模型更具适应性。

二、BP 神经网络模型的优点

基于 BP 神经网络的商业银行信贷风险评价方法具有以下三个显著优势。

第一，数据要求宽松，适用性广泛。基于 BP 神经网络的信贷风险评价模型不需要严格的数据或财务假设，只需样本数据真实可靠。通过简单的数据处理，将样本数据输入模型进行训练建模即可得到评估结果。因此，该方法对样本数据的要求相对较低，适用性广泛。

第二，强大的容错能力。在信贷风险评价过程中，样本数据可能存在不完整或错误的情况。由于 BP 神经网络具有强大的容错能力，即使在样本数据不完整或出现错误的情况下，该方法构建的模型仍能够产生可靠的评估结果。这种容错能力使得模型结果更加稳健，能够应对实际应用中的各种数据异常情况。

第三，自适应能力和自学习能力。基于人工神经网络的建模方法，具有较强的自适应和自学习能力。当样本数据出现错误时，BP 神经网络模型能够自动识别出错的数据，并对其进行调整和修正。通过与正确的数据对照，模型能够自动学习并逐步提升准确性，最终得到准确的评估结果。这种自适应和自学习能力使得模型能够不断适应变化的环境和数据，提高模型的预测能力和准确性。

综上所述，基于 BP 神经网络的商业银行信贷风险评价方法具有指标要求低、容错能力高、自适应能力和自学习能力强等优点，对于信贷风险的评估具有广泛的应用前景。

三、图神经网络模型

Franco（2008）提出的图神经网络模型是一种用于处理非欧氏

空间数据的机器学习模型。传统机器学习方法主要适用于具有规则空间结构的欧氏空间数据，如语音数据或图像的栅格等一维序列，这些数据通常假设样本之间是相互独立的，并且可以通过矩阵表示。然而，在现实生活中，很多数据属于非欧氏空间数据，并不具备规则的空间结构，如电子交易等抽象图形数据。在这种非欧式空间数据当中，节点之间的连接并不是固定的。图神经网络的引入，解决了非欧氏空间数据的不规则空间结构的问题，克服了欧氏空间的局限性，并可以捕捉数据内部的依赖关系，从而实现对非欧氏空间数据的建模。

图神经网络能够处理不规则、无序的数据，并利用节点之间的连接关系来学习数据的特征。它可以通过节点之间的信息传递和聚合来建立节点表示，从而捕捉到图数据的全局结构和局部模式。通过这种方式，图神经网络能够处理各种类型的图形数据，如社交网络、蛋白质相互作用网络等，为处理非欧氏空间数据提供了一种有效的方法。Franco（2008）提出的图神经网络模型能够克服传统机器学习方法在处理非欧氏空间数据时的局限性，能够对不规则、无序的图形数据进行建模和分析，从而捕捉到数据的内在依赖关系和特征。这种模型在处理现实生活中的各种复杂数据时具有广泛的应用价值。Thomas 等（2016）基于图神经网络提出了简洁的图卷积算法。图卷积神经网络（graph convolutional neural network，简称 GCN）其数学表达为：

$$Z=f(X, A)=softmax(\hat{A}\,\mathrm{Re}LU(\hat{A}\,\mathrm{Re}LU(\hat{A}XW^{(0)})W^{(1)})W^{(2)}) \tag{4-43}$$

在式（4-43）中，$\hat{A}=\widetilde{D}^{-\frac{1}{2}}\hat{A}\widetilde{D}^{-\frac{1}{2}}$，$W^{(0)}$、$W^{(1)}$ 和 $W^{(2)}$ 分别是三个卷积层的权重矩阵，X 为输入的特征矩阵。具体而言，$W^{(0)}\in R^{C\times H}$ 为第一层的权重矩阵，用于将节点的特征值映射为隐含层的状态。$W^{(1)}\in R^{H\times H}$ 为第二层的权重矩阵，用于隐含层状态之间进行信息交换。$W^{(1)}\in R^{H\times F}$ 为第三层的权重矩阵，用于将隐含层状态换算为相应的输出值。

GCN 是目前领先的深度学习模型之一，其原理是通过建模不同个体之间的关系，发现潜在信息以提高模型的预测能力。与传统的机器学习算法不同，GCN 将数据关系视为关键因素，并不断挖掘各个图节点的潜在信息，以实现整个图数据的动态平衡。相对于其他算法，GCN 认为，除了节点本身的信息，其他节点的信息也可能包含有效的预测风险信息，这些信息可以提升模型的分类能力。GCN 在建模图中节点之间的依赖关系方面具有突出的能力，因此在与图分析相关的研究领域取得了重要突破。张顺凯（2020）在个人消费信用贷款风险预测领域基于图卷积神经网络模型，通过挖掘个体之间潜在的关联信息，提出了全新的预测路径。这种方法能够更好地捕捉个体之间的关系和依赖，从而提升预测的准确性和可靠性。吴正良等（2022）则在股票走势预测、推荐系统和风控管理等领域探讨了基于图神经网络的应用。他们提出了使用图卷积神经网络模型来分析证券市场中的股票走势，构建推荐系统以及进行风控管理。这些应用为图神经网络模型在金融领域的实践和应用提供了理论基础和支持。

综上所述，图卷积神经网络模型通过挖掘图数据中节点之间的关系，提升了模型的预测能力和分类准确性。在个人消费信用贷款风险预测、股票走势预测、推荐系统和风控管理等领域，该模型的应用取得了显著的成果，并为相关研究和实践提供了重要的理论支持。

第七节　不同信用风险评估方法对比

本章前六节分别对专家评分法、基于逻辑回归的评分卡建模、决策树模型、随机森林模型、支持向量机模型、神经网络模型等常用的商业银行信用风险评估方法进行了详细梳理和介绍。本节将从模型对数据的要求、是否线性、模型精准度、结果可解释性、模型复杂程度等角度对各种方法进行全面对比。主要信用风险评估模型特点如表 4－2 所示。

表 4-2　主要信用风险评估模型特点对比

方法	模型对数据的要求	是否线性	精准度	可解释性	复杂程度
专家评分模型	数据须包含个人信用记录、贷款记录、还款记录等	通常为线性模型	精准度不高，主观性强，根据历史数据得出	可解释性强，可以理解每个变量对评分的影响	复杂程度较低，模型相对简单
逻辑回归模型	需要包含相关变量的历史数据，如收入、负债、还款记录等	通常为线性模型	精准度较高，可以准确预测违约概率	可解释性强，可以解释每个变量对违约概率的影响	复杂程度中等，模型相对较简单
决策树模型	需要包含相关变量的历史数据，数据分布应具有一定的离散性	具有非线性特征	精准度中等，能够处理非线性关系	可解释性较强，可清晰展示决策规则	复杂程度中等及以上，树的深度和节点数量可能较大
随机森林模型	需要包含相关变量的历史数据，数据分布应具有一定的离散性	具有非线性特征，由多个决策树组成	精准度较高，具有较好的预测能力	可解释性一般，难以清晰展示每个变量对结果的影响	复杂程度较高，需要调整参数并进行优化
支持向量机模型	需要包含相关变量的历史数据，数据须线性可分或近似线性可分	具有非线性特征	精准度较高，可以在高维空间进行有效分类	可解释性较差，难以理解分类超平面	复杂程度较高，需要调参和选择核函数
神经网络模型	需要包含相关变量的历史数据，数据须大量且具有一定的离散性	具有较强的非线性特征	精准度高，能够逼近任意复杂的函数关系	可解释性较差，难以理解隐含层的权重和结构	复杂程度高，需要大量数据和调参优化

如表4-2所示，各种信用风险评估方法在精准度、可解释性和复杂程度等方面各有利弊，适用于不同的情况。专家评分法一直是商业银行信用风险管理中主要的方法之一，它从还款能力和还款意愿两个方面考察贷款违约行为的影响因素。专家评分法主要依赖专家经验判断，模型结构简单，对数据的要求低，适用范围广泛。因此，对于即将开展、刚开展信用风险评估或数据量较少的情况，专家评分法是一个重要选择。在没有数据积累的情况下，通常需要使用专家评分的方式开发信用评分卡。事实上，任何产品的第一张评分卡都是从专家评分开始的。随着业务数据的积累，逻辑回归、神经网络等机器学习方法才逐渐成为主流。这些方法可以更准确地捕捉数据之间的复杂关系，但需要更多的数据积累和更复杂的模型运算。因此，在实际应用中，需要根据具体情况选择合适的信用风险评估方法，既考虑到模型的精准度和可解释性，也要考虑到数据可获取情况、业务发展的阶段和资源限制等因素。

虽然专家评分法是商业银行信用风险评估的一种传统常用方法，但它也存在一些不足之处。首先，该模型的效果不够稳定，需要银行依赖一定数量规模的信贷分析专家才能保证预测的准确性。这导致了利用专家评分法进行信用风险预测的成本较高、效率较低，这种效率偏低的模型很难适应越来越多的贷款申请需求。其次，专家评分法受较多主观因素干扰。利用该方法进行信用风险管理和预测的准确性受到信贷专家的职业素质和经验的影响，不同的专家对同一贷款申请常常给出不同的决策意见，甚至同一专家在不同时期也会做出不同的决策。最后，专家评分法缺乏灵活性，滞后性较强。从收集资料、专家组分析到作出决策的整个过程耗时较长，适应如今复杂多变市场经济环境的能力较弱。专家的决策失误可能最终导致信贷风险和损失，这种情况在复杂多变的市场环境下时有发生。对于数据不足以建模或监管部门对风险敞口有额外管理要求的业务，商业银行通常会采用专家评分法进行信用风险评估。然而，随着技术的进步和大数据的积累，许多银行也开始转向更加精确和高效的基于大数据的信用风险管理方法，以应对日益复杂的市场需求和风险管理挑战。

逻辑回归和神经网络是两种常用的基于机器学习算法形成的信用评估方法，它们在数据应用和建模方法上有着显著的差异。逻辑回归建模采用数理统计的方法来选取风险因子并计算其权重，通过科学的分析变量之间的关系，得出较为客观、准确的评价结果。逻辑回归模型具有容易掌握、可解释性强、符合监管要求、稳定性高、部署迭代便捷等特点，是金融领域应用最广泛的信用风险量化建模技术之一。逻辑回归模型能够与客户违约率建立天然的转换关系，并且经过数学转换后，可以呈现为评分卡的形式，具有较强的经济学解释意义。然而，逻辑回归建模对数据的要求较高，特别是在样本数据完备、数据质量高且违约样本数量足够的情况下，该模型表现较佳。如果数据量较少或数据质量不高，根据统计模型得出的结果可靠性可能较低。此外，逻辑回归模型在预测精准度方面相对于神经网络等其他机器学习算法可能存在一定的差距。在样本数量较小时，逻辑回归的判别结果容易出现偏差。相比之下，神经网络模型适用于处理大量数据并发现非线性关系。它在处理复杂数据模式和非线性关系方面具有优势。但相应地，神经网络模型的复杂度较高，对数据量和计算资源的要求更高。因此，在选择模型时，需要根据具体情况权衡逻辑回归和神经网络模型等模型的优缺点，以确保最终模型的准确性和适用性。

由此可见，单一的信用风险评估模型不能将稳定性和准确性统一兼顾。在这种情况下，混合模型法可以作为一种中间选择，适用于以下两种情境：一是适用于数据较多但部分关键变量尚未收集到的情况。在这种情况下，可以使用专家判断来填补缺失的变量，同时利用已有的数据进行数据分析。专家判断和数据分析相结合，可以提高模型的完整性和准确性。二是在数据虽然存在，但数量不足的情况下，定量分析结果可以作为专家意见的补充，或者专家可以基于定量分析的结果进行定性调整。通过定量分析和专家意见的综合考虑，可以增强模型的可靠性和解释性。在选择模型开发方法时，需要综合考虑坏样本数量、历史数据存储情况、数据质量等因素，并根据实际情况确定最适合的方法。迄今为止，还没有一种算法能够在模型效果、可解释性和样本量要求等方面都达到最优。因此，在建模过程中，需要根据数据和业务实际情况选择合适的建模方法。因此，混合模型法在信用风险评估中可以作为一种中间选择，能够综合利用专家判断和数据分析的优势，提高模型的稳定性和准确性。在模型开发过程中，应根据实际情况选择合适的建模方法，并综合考虑多个因素来确定最终的模型开发方案。

第五章

信用风险识别及预警建模案例分析

在本章中，本书构建了基于大数据技术的商业银行信用风险识别及预警框架，深入探讨了基于 Logistic 回归和机器学习训练方法的评分卡建模、BP 神经网络模型、基于大数据变量最优组合的违约预测模型等方法在信用风险评估中的应用。本章的案例分析将为金融从业者和研究人员提供宝贵的经验和启示，帮助他们更好地理解和应用信用风险管理的建模方法，提高信用风险评估的准确性和效率，从而更好地保护金融机构的资产安全和稳健运营。

第一节　基于大数据技术的信用风险识别及预警框架

大数据技术提升了商业银行决策的效率和公平性，减少了信息不对称带来的决策风险。基于大数据的商业银行信用风险识别与预警建模步骤顺序依次为：大数据的获取和处理，计量模型的管理，信用风险控制。

一、必要性

商业银行的组织结构层级化，分支机构自主性强，偏好大额业务。大额业务风险决策依赖于详尽的客户信息和人工模型的结合。中小微企业或个人客户的信息不完整，缺乏抵押，导致银行不愿放贷，引发长尾客户流失。基于大数据技术的商业银行信用风险识别及预警系统的必要性主要体现在以下两个方面：一是大数据技术提升了商业银行决策的效率和公平性。特别是在服务中小微型企业和个人客户方面，它帮助银行自动获取和处理客户信息，简化信贷审批和额度调整流程，减少人工干预，降低操作风险和管理成本。实时数据分析技术进一步加快了信用评级和额度计算，提高了业务流程的效率和自动化水平，增强了员工生产力，改善了用户体验，从而增强了行业竞争力。二是减少了信息不对称带来的决策风险。非零售风险客户的财务数据对模型至关重要，但常受限于数据缺失和可信度问题，导致信息不对称。客户可能隐藏或伪造信息以获得优惠贷款条件，而银行因信息不对称而承担风险。大数据通过存储和分析大量多样化数据，扩展了客户信息的规模和种类，包括互联网金融和外部渠道数据，有助于降低信息不对称程度。虽然大数据技术不直接提升数据质量，但其强大的处理能力和大规模数据的分析有助于构建更稳健的信用风险模型，增强决策价值。

本书以大数据为基础，将大数据的大规模、多类型等特点引入商业银行的信贷风险识别与预警体系中。基于前文的理论分析和方法介绍，借鉴王馨漫（2019）的研究，本文总结出基于大数据技术的商业银行信用风险识别及预警系统主要包含的内容有：一是基于大数据的大规模、多类型数据的采集、存储和管理。二是基于计量模型或机器学习、深度学习等先进方法，通过构建信贷风险度量的定量模型对其进行追踪、监督和管理。三是运用信用风险计量模型进行信用风险实时计量，从而实现对客户和债务人的信用状况和变化趋势的监控和预警，有助于商业银行的动态业务管理，最终实现对信用风险全过程的整体监控。

二、建模步骤

基于大数据的商业银行信用风险识别与预警建模包括大数据获取和处理、计量模型的管理、风险控制等步骤，具体框架如图 5－1 所示。

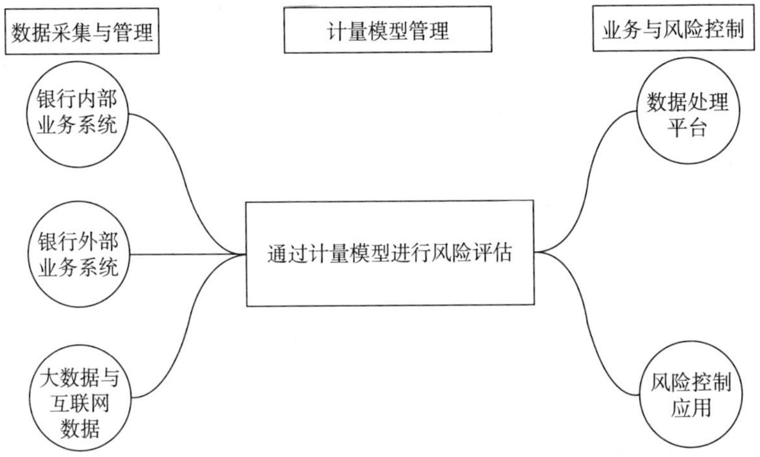

图 5-1　基于大数据技术的信用风险识别及预警系统的框架

第一部分是大数据的获取和处理。如前文所述，采用大数据技术构建信用风险管理系统，主要原因是大数据分析能够减少信息不对称，降低银行因客户道德风险而产生的损失。数据采集是该系统的核心，需注重数据的全面性、多样性和高效性，以满足不同的分析需求。系统采集的数据分为外部数据和内部数据两大类，外部数据更新频繁，对实时性要求不高；内部数据则通常用于核心业务分析，需要实时更新。此外，数据还可以基于不同维度进行分类，如数据根据用途分为训练数据和应用数据，训练数据用于开发稳健的信用风险模型，强调数据的质量和时效性。应用数据则用于模型的实际运用，要求快速响应以支持业务流程。

第二部分涉及的是计量模型的管理，它是整个系统的中枢，承担着模型训练、信用风险评估、信用评级的更新以及模型维护等关键职责。模型的训练数据主要来源于“数据采集与管理”环节，这些数据为模型提供了学习的基础；而日常应用中所涉及的数据则用于信用风险的实际计算。与此同时，“评级管理与模型管理”这一模块的职能是确保银行政策得到执行，监控模型的运行表现，并负责信用评级及模型的定期更新工作。

计量模型的学习过程包括对客户历史信用状况和违约行为的分析，通过运用机器学习技术来构建用于评估信用风险的模型。根据业务类型差异，信用风险敞口可划分为零售风险敞口和非零售风险敞口两大类，相应的计量模型也对应分为两种。对于非零售风险敞口，需要开发专属的客户评级模型来预测违约的可能性，即违约概率；同时还需要债务评级模型来评估一旦违约可能产生的损失，即违约损失率。

评级管理的工作内容包括对信用评级模型进行定期的审查和更新，目的是确保评级结果的准确性和可靠性。虽然，《巴塞尔协议》认可将信用评级模型作为信用风险评价的基础工具，但为了确保评级过程能够全面考虑所有相关信息，也强调了人工监控和专家判断的重要性。评级管理还包括对信用风险计量结果的核实或调整，并详细记录调整的相关信息，如调整的人员、调整的幅度以及调整的原因。考虑到信用风险计量结果具有时效性，因此需要根据银行的现实政策定期对客户的信用评级进行更新。模型管理则侧重于对计量模型进行持续跟踪和维护，监控模型在实际应用中的效果，向分析人员提供详尽的跟踪报告，这些报告包括风险敞口的信用等级分布、等级转移情况、评级调整等信息，以及风险敞口的稳定性指标、违约率排序和贷款审批通过率的监控等。

第三部分是业务与风险控制，业务与风险控制覆盖实时的风险监测、风险预警、信用风险缓解、额度审批和催收管理，以快速响应用户需求。该系统专注于零售业务的控制，而对非零售业务，考虑到其较大的授信额度，需要结合经济资本进行综合风险管理，这超出了系统的功能范围。风险监测与预警通过实时分析信用风险，决定是否发布预警，并评估预警的有效性，使用包括行业、区域和客户财务等多维度的预警指标。风险预警流程包括数据收集、指标筛选、预警决策、风险应对和后期评估，确保风险管理的及时性和有效性。

综上所述，“数据采集与管理”负责收集和存储用于风险计量模型开发的训练数据和用于日常运营的应用数据，这些数据源自银行的内部和外部，如内部系统、外部系统和互联网，同时计量模型、业务和风险控制所需的数据存储也属于该模块。“计量模型管理”利用“数据采集与管理”提供的数据开发计量模型，并进行风险评估，模型参数和结果随后传递给数据处理平台和风险控制应用。“业务与风险控制”应用风险评估结果监控风险指标、客户和产品信息，并进行信用风险预警。它还依据风险评估执行零售审批和额度管理，并结合客户、产品和协议信息，运用风险缓释技术进行风险控制。

第二节　基于 Logistic 逻辑回归的评分卡建模案例

本节将对逻辑回归评分卡模型的分类进行详述，通过案例的方式对基于逻辑回归的评分卡建模的数据获取和整合、探索性数据分析与数据准备、变量选择、模型训练及开发、模型评估、评分卡创建、模型应用作详细介绍。

一、逻辑回归评分卡模型分类

随着信用评分卡模型的应用日益广泛，根据其在不同应用场景下的特性与需求，可以将其分类为通用评分卡模型、申请评分卡模型、行为评分卡模型、催收评分卡模型以及欺诈评分卡模型等多个子类型。这些不同类型的评分卡模型在风险管理、信用审批、客户行为预测等方面都具有重要作用。基于逻辑回归的评分卡模型分类如表 5－1 所示。

二、逻辑回归评分卡建模实例

本书以线上个人综合消费信用贷款产品为例，介绍利用 Logistic 回归方法建立信用风险评分卡的全过程具有重要意义。通过这一案例，大家可以深入了解如何运用大数据技术来识别和预警商业银行面临的信用风险。

表 5-1 基于逻辑回归的评分卡模型分类

评分卡分类	详细解释
申请评分卡	申请评分卡模型旨在量化客户在通过申请后的表现期时间范围内出现违约的概率。相较于传统的单一规则准入方式，申请评分卡模型的优势在于其数据驱动的方法。每一项指标的打分权重都是通过机器学习算法从该产品历史客户的表现中学习得来，因此更加客观准确。随着业务规模的发展，这一优势会逐渐增大，使得申请评分卡模型在金融风险管理中的应用价值进一步凸显。尤其在信用卡、消费贷款等领域，数据申请评分卡已经被广泛验证其有效性，而其在小微信贷领域的潜在作用也备受期待
行为评分卡	行为评分卡模型与申请评分卡模型类似，其构建目标同样是为了预测客户违约概率。然而，与申请评分卡模型不同的是，行为评分卡模型的特征体系更加丰富，通常由贷前数据、申请评分以及信用数据等多方面数据构成。这使得行为评分卡模型能够为智能化的贷中预警、额度调整等提供更为准确的风险水平参考
催收评分卡	催收评分卡模型是进行催收策略优化的基础。其体系主要由账龄滚动率、还款率、失联率三种模型构建。这些模型利用贷前、贷中、还款、信用变动、催收方式等多阶段多类别数据构建特征体系，以实现对客户催收情况的预测。不同于其他评分卡模型，催收评分卡模型的预测目标主要包括客户不同逾期状态之间的转移概率、最终催收回的账款比率以及客户失联概率等
通用评分卡	通用评分卡模型是客户层级的风险评分模型，旨在预测客户在未来一定时间内出现任一信贷产品违约的概率。相较于申请评分卡模型，通用评分卡模型可以利用客户在多个信贷产品的表现数据进行建模，因此具有较为稳定的模型效果。在小微企业信贷领域，通用评分卡模型可以通过分群建模优化整体效果，使得其在准入门槛设置等方面发挥重要作用
申请欺诈评分卡	申请欺诈评分卡模型主要用于欺诈风险的防控。其难点在于欺诈样本的稀缺性，为解决这一问题，可以结合业务特点采取多种方法，如业务经验判定和典型欺诈特点的客户标记等，从而提高模型的准确性和可用性

首先，需要收集大量的个人综合消费数据。这些数据包括但不限于个人基本信息、消费行为数据、信用历史数据等，可以通

过商业银行自身的内部数据库、第三方数据提供商以及其他公开渠道获取，这些数据将构成建立信用风险评分卡所需的样本集。其次，利用 Logistic 回归方法进行建模。Logistic 回归是一种经典的统计建模方法，常用于二分类问题，如信用评分。在这个过程中，需进行数据清洗、缺失值处理、特征选择等预处理。随后，将清洗后的数据划分为训练集和测试集，用训练集来训练 Logistic 回归模型，并通过测试集来验证模型的准确性和稳定性。在建立模型的过程中，需要根据业务需求和实际情况选择合适的特征，这些特征将成为评估个人信用风险的依据。例如，可以包括个人收入、消费习惯、负债情况、征信记录等。通过对这些特征进行分析和加工，建立与信用风险相关的模型，对个人信用进行评分和分类。通过 Logistic 回归模型，可以对个人信用风险进行量化和评估，得出信用评分。这个评分可以帮助商业银行更准确地判断个人的信用状况，从而决定是否给予贷款，以及贷款额度和利率等。最后，需要对建立的信用风险评分卡进行监控和优化。随着时间的推移，个人的信用状况可能会发生变化，因此评分卡也需要不断地进行更新和调整，以保持其准确性和实用性。同时，还需要监控模型在实际应用中的表现，及时发现和解决可能存在的问题，保证模型的稳定性和可靠性。

通过案例分析，可以深入了解利用大数据技术建立商业银行信用风险识别和预警系统的全过程，为商业银行提供更科学、更精准的风险管理方案。具体步骤如下。

1. 数据获取和整合

信用风险评分卡的开发首先依赖于数据获取和整合，样本选择对于模型的构建至关重要，因为过去客户的表现能够提供稳定的基础，用于预测未来客户的表现。在进行样本选择时，必须考虑到数据的时效性。一般而言，距离建模时间越近的观察期内的样本越理想。然而，观察期的长短又必须在数据表现期的基础上进行权衡。若观察期选择过短（如 2～3 个月），则可能导致表现期不足，进而影响模型的准确性。为确定表现期的合适长度，常采用 Vintage 分析、滚动率分析、迁移率分析等方法。

本书参考毕马威咨询公司收集的某个信贷风险评估建模训练样本数据集，该数据集涵盖了 2019 年 1 月至 2020 年 12 月的时间范围。数据集包含了 117 个变量，包括个人基本信息（如年龄、学历、婚姻状况等）、公积金缴存数据（如缴交基数、初缴时间、最近缴纳时间、缴交比例等）以及征信衍生数据（如贷款申请信息、信用卡申请信息、贷款余额信息、贷款历史表现信息等）。由于变量众多，在后续的数据清洗和变量筛选过程中，需要对这些变量进行适当处理。

建立模型的目的在于准确预测未来客户的表现，即判断客户是好客户（不发生违约）或坏客户（发生违约）的可能性。因此，对好坏客户的准确定义将直接影响模型的因变量确定。在本次建模中，根据客户的用款表现计算滚动率，并结合业务需求，将逾期最长超过 3 个月的客户定义为坏客户，未出现逾期的客户定义为好客户，其他则为灰色客户。在建模过程中，为保证结果的准确性，剔除了灰色客户。根据以上标准，共提取出 9 950 个样本，在剔除灰色样本后，入模样本共计 9 164 个，其中坏样本 1 325 个，占比为 14.46%，坏样本数量和占比均达到了建模要求。在模型开发中，使用 1 表示坏样本，0 表示好样本。

2. 探索性数据分析与数据准备

在确定好坏样本后，下一步是进行样本变量的清洗工作。数据的清洗主要包括处理异常值和缺失值、进行变量分布和相关性分析等。高缺失率的变量会影响建模结果，而数据缺失可能由多种原因引起，如客户未提供、银行数据丢失或其他因素导致。对于缺失率较高的变量，通常采用删除处理，而对于缺失率较低的变量，则可以考虑填补缺失值，具体的填补值需根据变量含义进行分析确定。在本次建模中，发现 8 个征信相关变量的缺失率超过 90%，因此直接删除这几个变量。异常值也是影响模型结果的因素之一。异常值指的是那些不符合正常业务逻辑的变量值，如授信客户的年龄过小或过大，不符合业务实际情况。在本次样本中，未发现异常变量。

另外，还需要进行变量的集中度分析，以确定那些属性值分布过于集中的变量，这样的变量通常具有较弱的预测能力，或者预测能力过强不适合作为建模变量。在本次建模过程中，删除了集中度超过90%的变量。原始数据集共包含117个变量，在经过上述的变量清洗工作后，共删除了69个变量，剩余48个变量。接下来，将对这些剩余变量进行进一步的处理，以便用于建模分析。

3. 变量选择

在进行进一步的变量筛选时，需要考虑变量的预测能力，并通过相关性分析防止出现线性相关关系。变量的预测能力通常用信息值（IV值）来衡量，IV值表示变量对目标变量（如好坏客户分类）的预测能力。一般情况下，IV值越高，预测能力越强。但是，如果IV值过高，可能存在信息泄露的问题，因此需要谨慎对待。IV值的范围及其含义如表5-2所示。

表5-2　IV值范围及说明

IV值范围	预测效果
<0.02	几乎没有
[0.02，0.10)	弱
[0.10，0.30)	中等
[0.30，0.50)	强
≥0.50	超强，难以置信

在进行变量筛选时，首先计算每个变量的IV值，然后根据IV值的大小对变量进行排序。通常情况下，选择IV值较高的变量作为建模的输入变量。同时，还需要通过相关性分析，确保所选取的变量之间不存在线性相关关系，以避免多重共线性对模型结果的影响。通过以上步骤，可以进一步精简变量集合，选取最具预测能力且相互独立的变量用于建立信用风险评分模型，从而提高模型的稳定性和准确性。

根据IV值计算，对剩余的48个变量进行分析后，发现其中有 4 个变量的 IV 值小于 0.02，其中 3 个为征信衍生变量，另一个为性别变量。基于历史经验，决定暂时保留性别变量，并待样本分组后通过训练样本的 IV 值进一步验证其是否有价值保留。另外 3 个 IV 值小于 0.02 的征信衍生变量被删除。经过 IV 值分析后，剩余的变量仍然较多，为确保模型的稳定性和准确性，需要进一步进行相关性分析，以剔除相关性较高的变量。相关性太高的变量若都进入模型，会导致模型存在多维相关性，从而降低模型区分好坏客户的能力。一般来说，根据建模经验，对于相关性大于 0.6 或 0.7 的变量，选择 IV 值较大的变量，并删除与之相关性较高的另一个变量。图 5-2 为相关性分析结果。

	baseNuml	maxLoand	maxUse	oancar	edCred	urCrdOr	UsedLmtR	MaxUse	ast3MCr	ast3MCr	ast3MCr	ast6MCr	ast6MCr	ast6MCr	st12MCr	st12MCr	st12MCr	st24MCr	st24MCr	st24MCr
baseNuml	1.000	0.235	0.128	0.193	0.087	-0.002	-0.118	0.000	-0.035	-0.098	-0.101	-0.033	-0.099	-0.114	-0.029	-0.116	-0.127	-0.023	-0.108	-0.127
maxLoand	0.235	1.000	0.689	0.797	0.598	0.452	0.100	0.008	0.444	-0.007	-0.011	0.445	0.025	0.025	0.449	0.108	0.088	0.452	0.165	0.141
maxUsed	0.128	0.689	1.000	0.696	0.856	0.537	0.495	0.008	0.548	0.056	0.046	0.545	0.087	0.080	0.545	0.239	0.218	0.543	0.295	0.250
Loancard	0.193	0.797	0.696	1.000	0.815	0.736	0.179	0.032	0.736	0.027	0.023	0.736	0.091	0.085	0.738	0.266	0.234	0.740	0.349	0.314
usedCredit	0.087	0.598	0.856	0.815	1.000	0.728	0.531	0.059	0.754	0.100	0.085	0.748	0.137	0.122	0.744	0.353	0.322	0.742	0.425	0.373
curCrdOrg	-0.002	0.452	0.537	0.736	0.728	1.000	0.374	0.094	0.972	0.159	0.151	0.978	0.225	0.219	0.983	0.433	0.406	0.986	0.555	0.524
UsedLmtR	-0.118	0.100	0.495	0.179	0.531	0.374	1.000	0.052	0.422	0.254	0.240	0.414	0.255	0.244	0.404	0.357	0.341	0.396	0.392	0.349
MaxUsed	0.000	0.008	0.008	0.032	0.059	0.094	0.052	1.000	0.104	0.047	0.049	0.102	0.074	0.071	0.101	0.045	0.061	0.100	0.088	0.117
last3MCrd1	-0.035	0.444	0.548	0.736	0.754	0.972	0.422	0.104	1.000	0.158	0.151	0.996	0.238	0.231	0.991	0.460	0.433	0.989	0.580	0.550
last3MCrd2	-0.098	-0.007	0.056	0.027	0.100	0.159	0.254	0.047	0.158	1.000	0.983	0.153	0.779	0.778	0.150	0.607	0.607	0.145	0.529	0.516
last3MCrd3	-0.101	-0.011	0.046	0.023	0.085	0.151	0.240	0.049	0.151	0.983	1.000	0.146	0.773	0.797	0.142	0.595	0.609	0.138	0.517	0.512
last6MCrd1	-0.033	0.445	0.545	0.736	0.748	0.978	0.414	0.102	0.996	0.153	0.146	1.000	0.232	0.225	0.996	0.453	0.427	0.994	0.575	0.545
last6MCrd2	-0.099	0.025	0.087	0.091	0.137	0.225	0.255	0.074	0.238	0.779	0.773	0.232	1.000	0.975	0.225	0.782	0.767	0.221	0.656	0.638
last6MCrd3	-0.114	0.025	0.080	0.085	0.122	0.219	0.244	0.071	0.231	0.778	0.797	0.225	0.975	1.000	0.218	0.759	0.776	0.215	0.638	0.646
last12MCrd1	-0.029	0.449	0.545	0.738	0.744	0.983	0.404	0.101	0.991	0.150	0.142	0.996	0.225	0.218	1.000	0.445	0.420	0.998	0.569	0.539
last12MCrd2	-0.116	0.108	0.239	0.266	0.353	0.433	0.357	0.045	0.460	0.607	0.595	0.453	0.782	0.759	0.445	1.000	0.963	0.441	0.872	0.827
last12MCrd3	-0.127	0.088	0.218	0.234	0.322	0.406	0.341	0.061	0.433	0.607	0.609	0.427	0.767	0.776	0.420	0.963	1.000	0.416	0.850	0.869
last24MCrd1	-0.023	0.452	0.543	0.740	0.742	0.986	0.396	0.100	0.989	0.145	0.138	0.994	0.221	0.215	0.998	0.441	0.416	1.000	0.565	0.536
last24MCrd2	-0.108	0.165	0.295	0.349	0.425	0.555	0.392	0.088	0.580	0.529	0.517	0.575	0.656	0.638	0.569	0.872	0.850	0.565	1.000	0.933
last24MCrd3	-0.127	0.141	0.250	0.314	0.373	0.524	0.349	0.117	0.550	0.516	0.512	0.545	0.638	0.646	0.539	0.827	0.869	0.536	0.933	1.000

图 5-2　相关性分析结果

在图 5-2 中，通过标识将相关系数大于 0.6 的单元格进行了突出显示。结合前期的变量 IV 值表，进一步选择了将相关系数大于 0.7 的变量进行剔除操作。这一步骤共剔除了 22 个变量，旨在降低模型的复杂性，减少多重共线性对模型稳定性的影响。经过前期的两个步骤变量筛选操作，最终筛选出了 23 个具有较高 IV 值且相关性较低的变量。这些变量将作为后续模型开发工作的基础，用于建立信用风险评分模型。

通过以上操作，我们在保证模型预测能力的前提下，有效地减少了变量的数量，提高了模型的解释性和操作性。这将为接下来的模型开发工作奠定良好的基础，有助于更准确地识别和预测商业银行的信用风险。

4. 模型训练及开发

在确定了变量后，即可着手进行模型的正式开发工作。首先，需要将样本分为训练组和预测组两部分，这一步骤对于建立模型和评估模型性能至关重要。样本分组可以采用随机和分层两种方式，而本次采用的是分层方式，以时间序列为依据。具体而言，以客户授信申请时间为时间维度，按月划分样本，将 2020 年 12 月之前的样本划为训练集，2020 年 12 月（含）之后的样本划为测试集。训练集样本共计 7 022 个，占样本总量的 76.63%，其中坏样本 1 051 个，占训练集样本总量的 14.97%；测试集样本共计 2 142 个，占样本总量的 23.37%，其中坏样本 274 个，占测试集样本总量的 12.79%。在对训练集数据进行 IV 值计算和相关性分析后，结果与全样本变量表现基本一致。值得注意的是，性别变量的 IV 值为 0.04，尽管其预测能力较弱，但仍具有一定的区分能力，因此我们暂时保留该变量。

随后，开始进行模型的训练工作。第一步，调用函数包中的 fit 训练函数，设定训练参数，采用卡方分箱方法，保证每箱样本最小占比为 5%。第二步，训练集分箱完成后，进行 WOE（weight of evidence）变换，通过调用相应的 WOE 转换函数实现。第三步，完成 WOE 转换后，再次调用 Logistic 回归函数，进行进一步的特征变量筛选工作。这里采用逐步选择的方式，其中又选择了双向选择法作为方向，即结合前向选择和后向选择，逐步放入最优的变量，同时移除最差的变量。经过逐步选择法的筛选，最终确定留取了 11 个变量进入 Logistic 回归模型。通过以上步骤，完成了模型的训练和开发工作，得到了一个精简且具有较高预测能力的模型，为后续的模型评估和应用提供了可靠的基础。

5. 模型评估

模型训练完成后，接下来的关键工作是计算模型的相关指标以进行模型评估。

首先，对变量稳定性进行验证。我们调用 PSI（population

stability index）函数，输入将训练集和测试集的入模变量切片数组。经过计算，我们发现，所有变量的 PSI 值均小于 0.01，并且模型整体的 PSI 值也小于 0.1，这表明模型的稳定性良好，即模型在不同样本集上的表现保持一致。

其次，计算模型的 KS（kolmogorov-smirnov）值和 AUC（area under the roc curve）值，这两个指标是评估模型区分能力的重要指标。经过计算得到，该案例模型的 KS 值为 0.46，AUC 值为 0.79，这表明模型在区分好坏客户方面具有良好的性能。KS 值和 AUC 值分别反映了模型预测能力的累积区别和整体性能，其数值越高，模型的性能越好。

在图 5-3 和图 5-4 中，分别展示了该案例模型的 KS 曲线和 AUC 曲线，这些曲线直观地反映了模型在不同阈值下的表现情况。通过这些曲线，可以进一步了解模型的预测能力和稳定性，以指导后续的模型优化和应用。

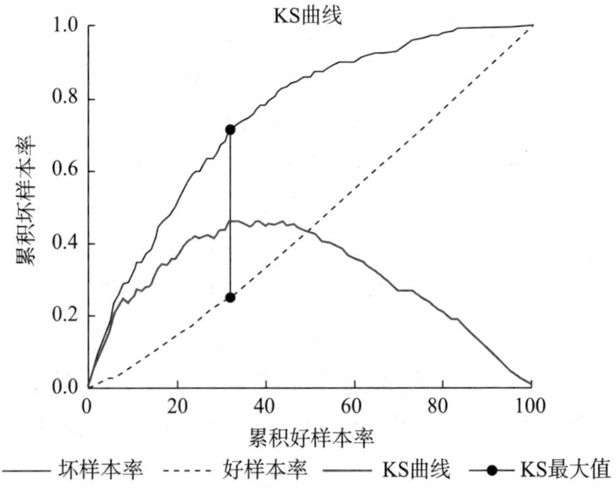

图 5-3　模型 KS 曲线图

这次建模过程采用了真正意义上的大数据驱动建模方法，使用了线上贷款产品积累的大量客户数据作为样本。通过利用历史

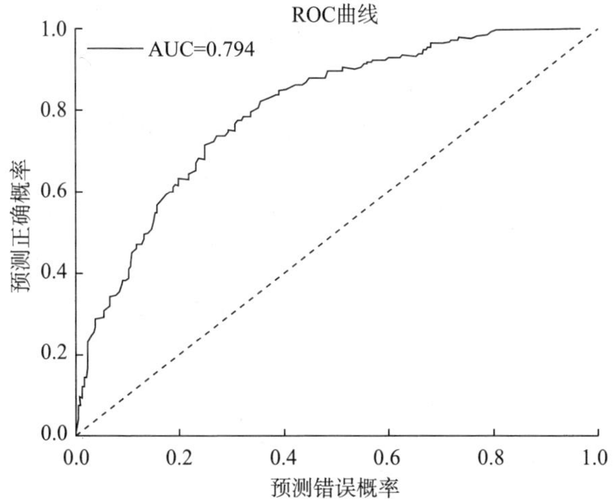

图 5-4　模型 AUC 曲线图

客群的表现数据训练模型，取得了显著的成果。其中，模型的 KS 值达到了 0.46，显示出了较高的区分能力，这一指标的提升表明模型能够更准确地区分好坏客户，为商业银行的信用风险识别和预警提供了有力支持。

另外，对于模型的稳定性也进行了充分的验证。PSI 值接近于 0，且模型整体的 PSI 值小于 0.1，这说明模型在不同时间段或不同数据集上的表现保持一致，稳定性达到了建模要求。这意味着我们可以在不同时间段或不同情境下信任模型的预测结果，从而更好地应对信用风险。

综上所述，通过大数据驱动建模，本书成功地构建了一个具有良好区分能力和稳定性的信用风险评分模型。这一模型的成功应用将为商业银行提供更有效的风险管理工具，帮助其更好地应对复杂的信用环境，保障资金安全，促进金融服务的可持续发展。

6. 评分卡创建

评分卡模型根据客户的总体得分将其分类为好客户或坏客户，这个得分是通过模型开发过程中每个变量属性的得分来确定的。

通过计算每个变量的最大得分和最小得分，可以得到模型最终得分的最大值和最小值。本书建模过程开发的评分卡得分在 181～891。利用这个评分卡，商业银行可以根据客户的得分将其分类为不同的信用风险等级。得分越高的客户表示其信用度越高，信用风险越低；得分越低的客户表示其信用度越低，信用风险越高。这将帮助商业银行更准确地评估客户的信用状况，制定相应的信贷政策和风险管理策略，从而更好地控制信用风险，提升资产质量，促进银行的健康发展。表 5－3 为本书建模过程开发的标准信用风险评分卡。

表 5－3　标准信用风险评分卡

变量	分箱	得分	变量	分箱	得分
年龄	[0-30)	51	过去 3 个月信用卡申请查询次数	[-inf-1)	76
	[30-34)	100		[1-2)	47
	[34-40)	69		[2-4)	28
	[40-44)	44		[4-inf)	−10
	[44-52)	32	过去 6 个月贷款申请查询机构数	[-inf-1)	94
	[52-54)	88		[1-2)	72
	[54-inf)	15		[2-4)	38
职业	专业技术人员	75		[4-inf)	−4
	其他	45	过去 24 个月授信申请查询数	[-inf-2)	75
收入	[-inf-70 344)	66		[2-4)	30
	[70 344-inf)	44		[4-inf)	0
教育程度	研究生	142	过去 12 个月贷款机构数	[-inf-2)	60
	本科	77		[2-3)	55
	大专	40		[3-4)	47
	其他	10		[4-inf)	37
婚姻状态	已婚	61	过去 24 个月贷款申请查询机构数	[-inf-4)	81
	离异	22		[4-7)	56
	其他	10		[7-inf)	13

7. 模型应用

标准信用风险评分卡的开发完成后，可以直接部署在银行的风险管理系统中，实现客户授信评分的自动化。当客户申请贷款时，系统将自动进行客户的信用评分，这一评分结果既可以用于决定是否批准贷款，也可以为后续的额度模型和利率定价提供参考依据。

通过对存量客户的打分，发现该案例评分大体上呈现正态分布。这意味着大部分客户的信用水平处于中等水平，而在两端的高分和低分客户相对较少。这种分布特点有助于商业银行更好地理解客户群体的整体信用状况，并根据实际情况调整风险管理策略。

总体而言，从模型评价的各个维度来看，该案例数据训练的模型效果显著。通过与准入策略、反欺诈策略以及贷中监测策略等其他风控策略的配合使用，该产品的风控质量将会得到有效提高。这不仅可以帮助商业银行更准确地识别风险客户和优质客户，还可以有效降低不良贷款率，提升资产质量，进而促进商业银行信贷业务的健康发展。

第三节　基于大数据的组合模型案例

本节将构建基于 Logistic 回归和 BP 神经网络的组合预警模型，以解决信用风险预警问题。基于案例详细解释和说明这一混合模型的设计原理，通过搭建商业银行信用风险评估体系，兼顾 Logistic 回归和 BP 神经网络模型的优点，以解决信用风险评估模型在准确性和稳定性上的兼顾问题。

一、样本选择

Logistic 回归模型在信用风险评估中被广泛应用，其通过对客户基本信息和历史数据的分析，建立了客户信用评分模型。这种模型简单易用，具有较好的解释性和稳定性。BP 神经网络模型则能够更好地处理复杂的非线性关系，对于数据特征提取和模式识别有较强的能力。将这两种模型进行组合，利用 Logistic 回归模型对客户的基本信息和历史数据进行评分，然后将这些评分作为 BP 神经网络模型的输入源，进一步对客户的信用风险进行预警分析。这样的组合模型既充分利用了 Logistic 回归模型的解释性和稳定性，又利用了 BP 神经网络模型的非线性特征提取能力，提高了信用风险识别和预警的准确性和稳定性。基于案例分析搭建商业银行信用风险评估体系，我们将这一混合模型应用于实际场景中，有助于商业银行更好地识别和管理信用风险，提高贷款审批的效率和准确性，从而促进银行业务的健康发展。

在企业财务数据一般不公开的情况下，为了验证模型的效果，本节案例以中国 A 股上市公司公开的财务数据作为研究样本。具体而言，以 2019 年和 2020 年度中国 A 股市场的 ST 公司作为信用危机公司的样本，同时按照以下配对原则选取同年度的正常公司作为 ST 公司的配对公司。这一配对原则包括：选择与 ST 公司在同一行业或相近行业的公司；选择资产规模与 ST 公司大体相当，资产规模相差在 20%之内的公司；选择净资产收益率在 0%～15%的公司。

在选取样本公司后，将以下指标作为模型使用的指标变量，用于衡量企业的盈利能力、偿债能力和股利支付能力：总资产收益率、总资产现金流量创造率、每股收益、经营净现金比率（长债）、每股现金净流量、总资产周转率、流动资产周转率和现金比率等。在进行建模之前，我们需要将这些指标转化为无量纲的数据，使得各个指标的数值属性值统一变换到［0，1］内，以确保模型的准确性和可比性。变量指标的选取如表 5－4 所示。

表 5－4　变量指标选择

指标	计算公式
总资产收益率（X_1）	$\dfrac{\text{净利润}}{\text{平均资产总额}}$
总资产现金流量创造率（X_2）	$\dfrac{\text{经营活动现金净流量}}{\text{总资产平均余额}}$

（续）

指标	计算公式
每股收益（X_3）	$\frac{\text{期末税后净利润}}{\text{期末总股本数}}$
经营净现金比率（长债）（X_4）	$\frac{\text{经营活动现金净流量}}{\text{负债总额}}$
每股现金净流量（X_5）	$\frac{\text{经营活动现金净流量}-\text{优先股股利}}{\text{普通股流通在外平均股权}}$
总资产周转率（X_6）	$\frac{\text{销售收入净额}}{\text{平均资产总额}}$
流动资产周转率（X_7）	$\frac{\text{主营业务收入净额}}{\text{平均流动资产总额}}$
现金比率（X_8）	$\frac{\text{现金}+\text{现金等价物}}{\text{流动负债}}$

如表 5-4 所示，总资产收益率（X_1）是分析公司盈利能力的一个重要指标；总资产现金流量创造率（X_2）是衡量企业资产规模创造现金流量多少的重要指标；每股收益（X_3）是普通股股东每持有一股所能享有的企业净利润或需承担的企业净亏损，通常被用来反映企业的经营成果；经营净现金比率（长债）（X_4）可以衡量企业长期偿债能力；每股现金净流量（X_5）反映企业通过实际经营活动运用企业资源创造现金的能力；总资产周转率（X_6）是衡量资产投资规模与销售水平之间配比情况的指标，该指标越高证明投入产出比越高，获利能力就越高，该指标也是直接影响上市公司股利分配的指标；流动资产周转率（X_7）是评价企业资产利用率的一个重要指标，该指标越高表明企业经营流动资产创造营业收入的能力越强，即企业在相同的流动资产数量下，能创造更多的收入，体现了企业高效率的资产管理水平；现金比率（X_8）也被称为流动资产比率或现金资产比率，该值越高，表明企业经营流动资产创造营业收入的能力越强，即企业在相同的流动资产数量下，能创造更多的收入，体现了企业高效率的资产管理水平。

二、临界点的确定

预警线的设计涉及违约与非违约之间的分界点确定，该分界点通常由 Logistic 回归模型计算得出的最优分界点来确定。

$$p=\frac{q_2c_2}{q_1c_1}\times\frac{1}{2} \tag{5-1}$$

如式（5-1）所示，p 为违约临界概率；q_1、q_2 分别为危机公司与非危机公司先验概率，q_1、q_2 可以根据上市公司中危机公司所占的比重大致求得，如表 5-5 所示。

表 5-5　上市公司违约分布状况

年份	危机公司数（家）	上市公司总数（家）	危机公司比率（%）	非危机公司比率（%）	$\frac{非危机公司比率}{危机公司比率}=\frac{q_2}{q_1}$
2019	74	3 777	0.019 59	0.980 41	50.046 45
2020	101	4 140	0.024 40	0.975 60	39.983 61
总计	175	7 917	0.022 10	0.977 90	44.248 87

式（5-1）中，c_1 代表着将正常公司误判为危机公司所带来的成本，而 c_2 则表示将危机公司误判为正常公司所引发的成本。这两个成本因素的确定对于模型的有效性至关重要。一般而言，c_1 和 c_2 的取值可参考 Altman 等（1994）的研究结果，其估计值大致落在［1/2，1/38］内。在他们的研究中，选择了具体的数值，如 1/2、1/20 和 1/38。基于这些数值，我们可以计算出违约的临界概率，具体如表 5-6 所示。

表 5-6　违约临界点计算

情况对比	$\frac{q_2}{q_1}$	$\frac{c_2}{c_1}$	违约临界点
典型的实际情况	44.248 87	1/2	11.062 22
		1/20	1.106 22
		1/38	0.582 22
理论情况	1.000 00	1	0.500 00

如表 5-6 所示，当 c_2/c_1 取值为 1/2 和 1/20 时，所计算出的违约临界点分别为 11.062 22 和 1.106 22，这违背了概率取值在 0～1 的定义，因此我们将其剔除，仅保留 c_2/c_1 取值为 1 和 1/38 时对应的 0.500 00 和 0.582 22，这两个违约概率作为危机临界点，成为正常与危机之间的分界点，即评价模型分类精确度的标准（张新红等，2011）。在实证研究中，根据不同的临界点取值对模型的预测结果进行检验，将具有最高精确度的临界点作为模型的临界值。

三、混合预测模型

经过对所选取的分类指标处理，并结合 BP 神经网络和 Logistic 回归建立混合预测模型，综合评价样本数据的信用风险。根据信用风险预警临界点和综合评价结果的对比，样本企业的信用风险状态可以预警为两大类：一类是具有较高信用风险的企业，即评价结果大于临界点的样本；另一类是正常经营企业，即评价结果小于临界点的样本。基于 BP 神经网络和 Logistic 回归建立的信用风险混合预测模型其具体步骤如下。

第一步，建立基于 Logistic 回归的信用风险评估模型。建立违约概率回归方程：

$$\ln\left(\frac{p}{1-p}\right)=\beta_0+\beta_1x_1+\beta_2x_2+\cdots+\beta_8x_8 \tag{5-2}$$

如式（5-2）所示，将预处理后的 8 个解释变量指标采取 SPSS 软件的 Logistic 回归分析功能中向后逐步回归法和条件参数估计原则选取自变量，以训练样本估计 Logistic 回归的系数及相关参数。求得如下 Logistic 回归模型：

$$\begin{aligned}\ln\left(\frac{p}{1-p}\right)=&3.284-1.922x_1-0.056x_2-0.102x_3-0.026x_4\\&-0.061x_5-0.203x_6-0.069x_7-0.099x_8\end{aligned} \tag{5-3}$$

如式（5-3）所示，针对 Logistic 回归模型，所有解释变量系数的估计值均为负数，这表明信用风险发生概率与解释变量数值大小成反比。换句话说，解释变量值越大，发生信用风险的概率越小。我们将分别以 0.500 00 和 0.582 22 作为判别的临界点，对判别分类结果做展示。根据最低总体误判率准则，得出根据 Logistic 回归模型计算的最佳分界点为 0.582 22。

第二步，基于 BP 神经网络的信用风险预警。BP 神经网络建模可以利用 Matlab 软件中的神经网络工具箱对经过处理的训练样本进行建模实现。在建模过程中，首先进行输入层和输出层的设计。输入层神经元个数设置为解释变量的个数，即 8 个，而输出层则是类别向量，包括正常和违约。接着，根据经验，设计隐含层的神经元个数，通常与输入向量的元素个数相等。在确定算法函数的分布密度后，开始进行网络训练，并根据均方差通过检验来调整网络参数，以使训练结果达到理想状态。完成网络训练后，利用神经网络计算训练样本得出判别得分。随后，根据所设定的临界点（0.582 22 和 0.500 00）计算判别结果，最终确定 BP 神经网络模型的最佳分界点为 0.582 22，以此为基准对样本进行分类。

第三步，混合预测模型的求解。以误差平方和达到最小作为目标函数，采用线性非变权组合预测模型，求解出非可变权重。非变权组合预测模型为：

$$y_t = \beta_1 y_{1t} + \beta_2 y_{2t} \tag{5-4}$$

式（5-4）中，y_{1t} 表示 Logistic 回归模型的预测结果，y_{2t} 表示 BP 神经网络模型的预测结果。基于 Logistic 回归模型和 BP 神经网络模型的误差信息矩阵求解混合模型中二者的非负权重 β_1 和 β_2，求解公式为：

$$\beta_1 = \frac{\sigma_2^2 - \rho\sigma_1\sigma_2}{\sigma_1^2 - 2\rho\sigma_1\sigma_2 + \sigma_2^2} \tag{5-5}$$

$$\beta_2 = \frac{\sigma_1^2 - \rho\sigma_1\sigma_2}{\sigma_1^2 - 2\rho\sigma_1\sigma_2 + \sigma_2^2} \tag{5-6}$$

式（5-5）和式（5-6）中，求得的权重结果为 $\beta_1 = 0.41$，$\beta_2 = 0.59$，即非负权重组合预测模型为：

$$y_t = 0.41y_{1t} + 0.59y_{2t} \tag{5-7}$$

由式（5－7）可得，经过对 BP 神经网络和 Logistic 回归模型在两个违约临界点的回归结果进行分析，我们发现，当违约临界点选择 0.582 22 时，这两个模型的总体准确率均达到最高水平。因此，将 0.582 22 选为信用风险评价混合预警模型的违约临界点。换言之，当样本公司的评价结果小于 0.582 22 时，被视为正常经营的公司；而当评价结果大于 0.582 22 时，该样本公司被判定为陷入信用危机的公司，其面临较高的信用违约风险。这一决策结果基于模型整体准确率最大化的原则，保证对公司信用状况的准确评估和及时预警。

第四节　基于决策树的违约预测案例

本节以案例的形式对基于决策树的违约决策案例进行详细分析，重点从决策树路径变量的构建、决策树路径变量的降维、基于决策树的客户违约判别模型构建、基于决策树的违约判别建模解析几个角度展开。

一、决策树路径变量的构建

基于大数据变量最优组合的违约预测模型中对于变量最优组合的选取是通过构建决策树路径变量实现的。决策树的构建具体步骤如下。

步骤 1，确定构建第 1 棵决策树的样本。给定 n 个客户，有放回地随机选择一个客户样本，经过 n 次采样，得到采样集 d_1。

步骤 2，第 1 棵决策树顶点指标的确定。决策树通过选取使得基尼指数达到最小值的特征来确定指标，并在此基础上找到该特征的最优切分点。具体做法如下：①在所有的 m 个指标中，随机选择 $k=\sqrt{m}$ 个指标作为第 1 棵决策树顶点指标的待选指标。②写出客户采样集 d_1 的基尼指数公式：

$$\mathrm{Gini}(d_1)=1-\left(\frac{n_1}{n}\right)^2-\left(\frac{n_0}{n}\right)^2 \tag{5-8}$$

式（5－8）中可知，其中 Gini（d_1）为基尼指数，n_1/n 表示采样集 d_1 中违约客户所占比重，n_0/n 表示采样集 d_1 中非违约客户所占比重，即当采样集 d_1 中仅包含违约客户 n_0 或仅包括非违约客户 n_1 时，基尼指数的值最小为 0；若采样集 d_1 中违约客户和非违约客户的样本数相同时，基尼指数的值最大为 0.5；这意味着基尼指数可以衡量指标区间切分点是否将违约客户和非违约客户最大程度地区分开。

为进一步衡量切分点对违约客户和非违约客户的区分效果，本节设 Gini（d_1，x_i）$_1$ 为以第 i 个指标 x_i 的第 1 个数值 a 对采样集 d_1 进行划分时，采样集 d_1 的基尼指数，n_l 为划分到左侧节点客户的人数，n_r 为划分到右侧节点客户的人数；当第 i 个指标 x_i 的第 1 个数值小于等于 a 时，则划分到左侧；反之则划分到右侧。d_{11} 是指采样集 d_1 经指标 x_i 的第 1 个数值 a 划分后，落在左侧节点的样本集。d_{12} 是指采样集 d_1 经指标 x_i 的数值 a 划分后，落在右侧节点的样本集。则有：

$$\mathrm{Gini}(d_1, x_i)_1=\frac{n_l}{n_l+n_r}\mathrm{Gini}(d_{11})+\frac{n_r}{n_l+n_r}\mathrm{Gini}(d_{12}) \tag{5-9}$$

式 5－9 中，Gini（d_{11}）表示划分到左侧节点客户的基尼指数，反映左侧节点客户属于同一类客户的程度。Gini（d_{12}）表示划分到右侧节点客户的基尼指数，反映右侧节点客户属于同一类客户的程度，即 Gini（d_1，x_i）$_1$ 可以表示为左侧节点客户和右侧节点客户基尼指数的加权平均值。经指标 x_i 的数值 a 对采样集 d_1 进行划分后，左右两侧节点客户各自属于某类客户的比例越大，采样集 d_1 的基尼指数越小。

依次使用第 i 个指标 x_i 的第 2 个值，第 3 个值，…，第 t 个值作为切分点，计算出指标 x_i 的 t 个切分点下所对应的采样集 d_1 的基尼指数 Gini（d_1，x_i）$_1$，Gini（d_1，x_i）$_2$，…，Gini（d_1，

$x_i)_t$，此时在指标 x_i 下采样集 d_1 的最小基尼指数 Gini（d_1，$x_i)^*=\min$ {Gini（d_1，$x_i)_1$，Gini（d_1，$x_i)_2$，…，Gini（d_1，$x_i)_t$}，此时 Gini（d_1，$x_i)^*$ 对应的切分点即为指标 x_i 的最优切分点 $a_1{}^*$。

重复上述步骤可以得到 k 个待选指标在采样集 d_1 上表示单指标违约鉴别能力的基尼指数 Gini（d_1，$x_1)^*$，Gini（d_1，$x_2)^*$，…，Gini（d_1，$x_k)^*$，最小的基尼指数所对应的指标作为第 1 棵决策树顶点的指标。综上，步骤 2 确定了第 1 棵决策树顶点的指标和该指标的最优切分临界点。

步骤 3，第 1 棵决策树其他节点指标的确定。把小于等于步骤 2 顶点的切分临界点的客户放入左侧的节点上，大于切分临界点的客户放入右侧的节点上。对于左侧节点的客户，重新在 m 个指标中，随机选择 $k=\sqrt{m}$ 个指标。仿照步骤 2，得到左侧节点和右侧节点的指标及其最优切分临界点。

步骤 4，第 1 棵决策树叶节点的确定。在决策树的构建过程中，叶子节点的确定遵循三个准则：首先，节点无法进一步进行分裂，也就是说该节点不包含任何客户信息；其次，节点内的所有客户都属于同一个类别，即这个节点的基尼指数为零；最后，为了确保构建的决策树具有良好的可解释性，决策路径的复杂度需要控制在一定范围内。本节中采用预剪枝策略设定决策树的最大深度为 3，这意味着从根节点到叶子节点的路径上最多只能有三个决策指标。

步骤 5，第 s 棵决策树的构建。重复步骤 1，得到采样集 d_s，这里需要强调的是，采样集 d_s 与采样集 d_1 包含的客户样本不同。进一步对采样集 d_s 重复步骤 2、步骤 3 以及步骤 4，由此建立第 s 棵决策树。由此类推，共构建出 s 棵决策树。综上所述，s 棵决策树的每一个路径，就构成了建立判别模型时的虚拟变量或备选虚拟变量。当客户属于这个路径时，这个变量就取值为 1，否则为 0。需要注意的是，把决策树路径作为变量与把指标作为变量不同，前者由多个指标组成，后者仅仅是一个指标；故前者蕴含的信息更丰富。前者是虚拟变量，而后者不是虚拟变量。

此外，决策树的个数是一个重要的参数，它可以影响算法的效率和准确性。一方面，在随机森林模型的应用中，增加构成模型的决策树的数量通常能够提升预测的精确度；另一方面，决策树数量过多也会导致计算过程变得更为耗时和占用更多的内存资源，还可能引起模型对训练数据过度拟合的问题。为了平衡模型的预测准确性与计算效率，本书基于被广泛接受的随机森林的经验参数，即 $s=500$ 进行研究。

二、决策树路径变量的降维

Lasso 回归方法是一种根据压缩估计的思想精练系数的正则化方法，一般通过构造一个惩罚函数得到一个较为精练的模型。它通过设定一些系数为零、具有保留子集收缩的优点，可以用来处理具有复杂线性数据的有偏估计，其参数估计式如下所示：

$$\hat{\beta}(\text{Lasso})=\arg\min_{\beta}{}^{2}\left\| y-\sum_{j=0}^{p}x_{i}\beta_{i}\right\|^{2}+\lambda\sum_{j=1}^{p}|\beta_{i}| \tag{5-10}$$

式（5－10）中，λ 为非正则参数，控制着模型的复杂程度，模型越复杂，即线性模型的特征越多，惩罚力度也就越大，从而最终获得一个特征较少的模型，其中 $\lambda\sum_{j=1}^{p}|\beta_{i}|$ 为惩罚项。把第一部分得到的决策树路径作为虚拟变量的多个变量进行降维，并求出最优的变量组合①。则此时 Lasso 回归的目标函数 Z 为：

$$\min Z=\frac{1}{2n}\sum_{j=1}^{n}\left(y_{j}-\left(\beta_{0}+\sum_{i=1}^{q}\beta_{i}u_{ij}\right)\right)^{2}+\lambda\sum_{i=1}^{q}|\beta_{j}| \tag{5-11}$$

式（5－11）中，n 为客户总数。y_j 为第 j 个客户实际违约状态（$y_j=1$ 代表违约，$y_j=0$ 代表非违约）；β_0 为最小二乘回归常

① 这是因为单个变量的违约判别能力强，把它们组合起来的违约判别能力不一定强。

数项，β_i 为第 i 个指标的回归系数；u_{ij} 为第 j 个客户第 i 个变量的数据；q 为初始决策路径变量个数，λ 为调和系数（取值范围为［0，1］）。

显然，目标函数由两部分组成，第一部分是全部客户违约状态预测值与实际值之差的平方和均值，即 Lasso 回归模型判断全部客户违约状态 y_j 的误差，误差越低，指标组合对违约状态 y_j 的判别能力越好；第二部分是惩罚项，即变量组合中保留变量的个数，变量组合中变量权重估计值 β_i 为 0 的变量越多，删除的变量越多，因此系数 λ 的确定是目标函数求解的关键。此处本节借鉴姜富伟等（2022）的研究，需要在应用 Lasso 回归模型之前对样本做 10 折交叉检验来确定上式的判别精度，通过找到不同调和系数 λ 对应的精度来反推最高精度所对应的最优的 λ 系数。以目标函数 Z 最小，将判断客户违约状态误差最小作为标准，反推最优权重，同时调整调和系数 λ 使变量组合的变量个数从 m 到 1，反推出 Lasso 回归方程中权重不等于 0 的变量为最优变量组合，确保筛选的变量组合违约判别能力最强。

综上所述，Lasso 回归的目标函数 Z 的特点就是在 2^q-1 个变量组合中，通过构建全部变量组合的 Lasso 回归方程的客户违约状态预测误差最小的目标函数，反推权重不等于 0 的变量来建立最优的变量组合，以确保违约判别方程的判别精度最高。

三、基于决策树的客户违约判别模型构建

在构建个人违约判别模型前，首先要构建信用评分方程，然后通过确定违约判别临界点，根据违约概率判断客户违约状态。违约判别的逻辑回归方程如下所示：

$$p_j = p(y_j = 1 \mid u) = \left(1 + \exp\left(-\left(b + \sum w_i u_{ij}\right)\right)\right)^{-1} \tag{5-12}$$

其中，p_j 为第 j 个客户的违约概率。y_j 为第 j 个客户的违约状态，违约为 1，非违约为 0。b 为常数项。w_i 为第 i 个指标的回归系数。u_{ij} 为第 i 个指标第 j 个客户的指标数据。该式本质上是

第 j 个客户的违约概率 p_j 与其变量数据 u_j 之间的非线性关系。

将第 j 个客户第 i 个指标的指标数据 u_{ij} 代入上式，得到第 j 个客户违约概率判断的理论值 p_j。当 p_j 大于违约判别临界点 μ，则将客户判别为违约客户；反之判别为非违约客户。所以违约判别临界点 μ 的确定尤为重要。本书构建 Lasso 方法筛选得到的最优变量组合下的违约判别混淆矩阵，通过目标函数确定违约判别临界点 μ（表 5 - 7）。

表 5 - 7　违约判别混淆矩阵

实际状态	模型判别结果		合计
	1（违约）	0（非违约）	
1 （违约）	违约样本被判别对的个数 true positive（TP）	违约样本被判别错的个数 false negative（FN）	实际违约样本数 $TP+FN$
0 （非违约）	非违约样本被判别错的个数 false positive（FP）	非违约样本被判别对的个数 true negative（TN）	实际非违约样本数 $FP+TN$
合计	判定为违约的样本数 $TP+FP$	判定为非违约的样本数 $FN+TN$	总样本数 $TP+FP+FN+TN$

由于违约判别临界点不同所得到的客户违约状态的判别值不同，混淆矩阵的参数也不同，本节通过构建逻辑回归模型预测的总判对率确定违约判别临界点，目标函数如下：

$$\max Q=\max\left(\frac{TN}{TN+FP}+\frac{TP}{TP+FN}\right) \tag{5 - 13}$$

由式（5 - 13）可得，每给定一个违约判别临界点，训练样本 u_{ij} 的每一个客户都会通过违约判别的逻辑回归方程得到其违约概率 p_j，并得到客户的理论违约状态 $\hat{y}_j$，将客户的理论违约状态 $\hat{y}_j$ 和实际的违约状态 y_j 相比较，就可以得到一个客户的总判对率 Q_1。以此类推，给定多个临界点 μ_2，μ_3，…，μ_h，得到多个客户的总判对率 Q_2，Q_3，Q_4，…，Q_h，总有一个最大的总判对率 $Q^*=\max(Q_2, Q_3, Q_4, \cdots, Q_h)$，对应的临界点就是最优违约判别

临界点 μ^*。至此，基于大数据变量最优组合的违约预测模型构建完毕。为了验证模型的可行性，借鉴姜富伟等（2022）、沈隆等（2023）的研究思路，通过案例的形式对基于决策树的信用风险违约预测模型进行演示。

四、基于决策树的违约判别建模案例解析

该案例的数据来源于某区域性国有商业银行总行的小微客户信贷管理系统，共选取了 3 045 个小企业样本，样本包括非违约企业和违约企业，涉及 12 个行业，具有较高代表性。指标选取借鉴了迟国泰等（2016）的研究，建立涵盖财务指标、客户负责人基本情况及客户外部宏观环境等 7 个准则层共 81 个小微客户信用评价指标，并通过定性指标打分方式得到具体数值，对于连续型指标数据按照均值±3 倍标准差的标准进行处理。部分定性指标打分后原始数据如表 5－8 所示。

按照违约与非违约企业的比例，将上述 81 项指标的数据随机分组成训练集 D^{Training} 和测试集 D^{Testing}。训练集占总体的 80%，包含 2 436 条数据，其中非违约企业数据有 2 396 条，违约企业数据 40 条。测试集占总体的 20%，包含 609 条数据，其中非违约企业数据 599 条，违约企业数据 10 条，具体分布如表 5－9 所示。

基于 2 436 个训练企业 D^{Training} 根据文中所述流程构建决策树路径变量。

1. 第 1 棵决策树构建所需初始条件的确定

（1）表 5－8 中第 1～81 行的小企业的指标数据 x_{ij} 和第 82 行的违约状态 y_j。

（2）从 D^{Training} 中的 2 436 个企业，有放回的随机抽取 2 436 家企业，由此得到采样集 d_1，作为第 1 棵决策树的训练样本，采样集 d_1 中不重复的企业有 1 559 个。

（3）在小企业 81 个指标中，随机选择 $\sqrt{81}=9$ 个指标，作为第 1 棵决策树根节点指标的待选指标。

表 5-8　部分小企业定性指标打分后原始数据

(a)	(b)	(c)	(d)	(e) 3 045 个小企业的指标原始数据				
序号	准则层	指标	指标性质	(1) 企业 1	(2) 企业 2	…	(3) 企业 3 044	(4) 企业 3 045
1	C1 企业内部财务因素	$x1$ 资产负债率	负向	0.640	0.624	…	0.182	0.346
2		$x2$ 流动负债经营活动净现金流比率	正向	1.125	0.000	…	0.198	0.349
…		…	…	…	…	…	…	…
19		$x19$ 总负债经营活动净现金流比率	正向	1.124	0.000	…	0.198	0.349
20		$x20$EBITDA 与总负债比率	正向	0.031	0.000	…	0.017	0.631
21		$x21$ 净资产收益率	正向	0.055	0.000	…	0.003	0.224
…		…	…	…	…	…	…	…
32		$x32$ 经营活动产生的现金流量净额	正向	34 074 356.977	0.000	…	131 991.370	2 545 297.450
33		$x33$ 经营活动产生现金流入小计	正向	62 816 920.073	10.000	…	4 075 102.400	53 245 183.750
34		$x34$ 应收账款周转速度	正向	1.937	0.048	…	5.070	3.000
…		…	…	…	…	…	…	…
46		$x46$ 总资产增长率	正向	0.041	0.000	…	−0.638	−0.036
47	C2 企业内部非财务因素	$x47$ 资本积累率	正向	0.000	0.00	…	1.150	0.000
48		$x48$ 留存收益增长率	正向	1.809	0.034	…	−1.041	0.888
49		$x49$ 相关行业从业年限	定性	1.000	1.000	…	1.000	0.000
50		$x50$ 是否审计	定性	0.000	0.000	…	0.000	0.000
…		…	…	…	…	…	…	…
56		$x56$ 名牌产品的级别	定性	0.000	0.000	…	0.000	0.000
57		$x57$ 企业通过本银行回笼货款总额占比	正向	0.000	0.000	…	0.018	0.597
58		$x58$ 法人代表学历	定性	0.000	0.000	…	0.400	0.700

（续）

(a)	(b)	(c)	(d)	(e) 3 045 个小企业的指标原始数据				
序号	准则层	指标	指标性质	(1) 企业 1	(2) 企业 2	…	(3) 企业 3 044	(4) 企业 3 045
59	C3 企业负责人基本情况	x59 法人代表贷款违约记录	定性	0.000	0.000	…	0.700	0.700
…		…	…	…	…	…	…	…
67		x67 家庭月收入	正向	0.000	0.000	…	5 000	2 000
68		x68 担任该职务时间	定性	0.000	0.000	…	0.000	0.000
69	C4 企业基本信用情况	x69 企业到位注册资金类别	定性	0.000	0.000	…	1.000	1.000
70		x70 近三年企业授信情况	定性	0.000	0.000	…	1.000	1.000
71	C5 企业的商业信誉	x71 企业纳税记录	定性	0.000	0.000	…	1.000	0.250
72		x72 企业法律纠纷情况	定性	0.200	0.200	…	1.000	1.000
73		x73 企业守法经营情况	定性	0.000	0.000	…	0.500	0.500
74	C6 企业外部宏观条件	x74 企业间合同违约次数	定性	0.000	0.000	…	1.000	1.000
75		x75 行业景气指数	正向	127.960	151.810	…	134.750	134.750
76		x76 城乡居民年末人均储蓄余额	正向	23 388.050	23 388.050	…	23 388.050	23 388.050
77		x77 GDP 增长率	正向	15.200	15.200	…	15.200	15.200
78		x78 居民消费价格指数	区间 [101，105]	100.600	100.600	…	100.600	100.600
79		x79 城市居民人均可支配收入	正向	9 101.350	9 101.350	…	9 101.350	9 101.350
30		x80 恩格尔系数	负向	39.400	39.400	…	39.400	39.400
31	C7 抵质押担保因素	x81 抵质押得分	定性	0.100	0.190	…	0.610	0.350
32		违约状态		1	1	…	0	0

表 5-9 训练集和测试集划分结果

	训练集 $D^{Training}$	测试集 $D^{Testing}$	总计
违约企业 D_1	$D_1^{Training}=40$	$D_1^{Testing}=10$	$D_1=50$
非违约企业 D_0	$D_0^{Training}=2\ 396$	$D_0^{Testing}=599$	$D_0=2\ 995$
总计	$D^{Training}=2\ 436$	$D^{Testing}=609$	$D=3\ 045$

2. 第 1 棵决策树的构建

根据以上初始条件，应用决策树构建步骤，构建出了随机森林中的第 1 棵决策树，如图 5-5 所示。

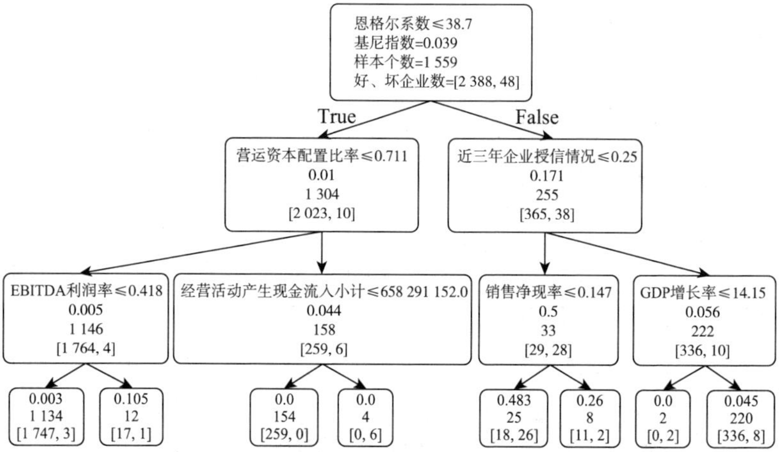

图 5-5 基于小企业样本构建的第 1 棵决策树

图 5-5 展示了基于小企业样本构建的第 1 棵决策树，除了最底层的叶子节点方框外，树中的每个节点在第一行都标注了所使用的指标及其划分的区间界限。第二行显示的是该节点对应的样本集的基尼指数。第三行表示节点样本集中不重复的企业的个数，由于采用了有放回的抽样方式，企业在样本集中出现重复是正常的。第四行的第一个数值代表了好企业的数量，第二个数值则是坏企业的数量，需要注意的是，因为第四行没有剔除重复企业的个数，所以出现了第三行数值和第四行两数之和不等的情况。

3. 其余 499 棵决策树的构建

重复上面的步骤，得到第 2，3，4，…，500 棵决策树。500 棵决策树共由 3 473 条路径组成，也就得到了建立判别模型所需的 3 473 个备选虚拟变量。当企业属于这个路径时，这个变量就取值为 1，否则为 0。构建的 500 棵决策树总共包含 3 473 条路径，这相当于为判别模型准备了 3 473 个备选的虚拟变量。这些虚拟变量的取值规则是：如果一家企业属于这个路径，则对应的变量值为 1；如果企业不在该路径上，则变量值为 0，由此得到最后的决策树的路径变量选取结果。

4. 对虚拟变量进行降维处理

前文中得到的虚拟变量数据，代入 Lasso 目标函数中，从 $2^{3\,473}-1=3\times10^{1\,045}$ 个变量组合中遴选出整体违约判别能力最强的组合。首先，确定 Lasso 最优调和系数 λ。由上节可知，调和系数 λ 取值不同，目标函数 Z 不同，保留变量组合的变量个数不同。此处输出不同 λ 下 Lasso 的回归结果，如表 5 - 10 所示。

表 5 - 10　Lasso 回归结果

序号	调和系数 λ	保留变量个数（个）	误差
1	0.000 001	141	0.009 895
2	0.000 001	144	0.009 881
3	0.000 002	150	0.009 871
…	…	…	…
69	0.000 159	59	0.007 740
70	0.000 171	52	0.007 720
71	0.000 183	53	0.007 729
…	…	…	…
98	0.001 204	6	0.014 761
99	0.001 291	3	0.015 331
100	0.001 384	0	0.015 826

表 5-10 展示了在不同调和系数 λ 下，筛选出的变量数量。根据前文所述，为了通过 Lasso 回归的目标函数确定最佳的权重向量 β，需要选定一个最佳的调和系数 λ。具体操作是将表 5-10 中第 2 列第 1 行所示的 λ 值 0.000 001、表 5-8 中的 2 436 家企业对应的 3 473 个变量数据 u_{ij}、D^{Training} 中企业的实际违约情况 y_j、变量数量 $q=3\ 473$ 以及企业总数 $n=2\ 436$ 填入 Lasso 目标函数，以此推算出权重向量 β（1）。在得到的权重向量 β（1）中，不为 0 的权重数量为 141，表示保留了 141 个变量，这一结果记录在表 5-10 第 1 行第 3 列；将 β（1）代入式（3）的第一项，计算得到的企业理论违约状态与实际违约状态之间的误差为 0.009 895，记录在表 5-10 第 1 行第 4 列。类似地，将表 5-10 第 2 列中其他的 99 个 λ 值、变量数据 u_{ij}、违约状态 y_j、变量数量 $q=3\ 473$ 和样本总数 $n=2\ 436$ 输入 Lasso 目标函数，分别求得 99 组权重向量 β（i），$i=2$，3，…，99。当表 5-10 中第 2 列的第 70 行对应的调和系数 $\lambda=0.000\ 171$ 时，表 5-10 第 4 列中的最小误差为 0.007 720，出现在第 70 行，此时保留的变量数量为 52，即最优的变量组合包含 52 个变量。

进一步，以表 5-10 中第 2 列的 Lasso 调和系数 λ 作为横坐标，以违约估计误差作为左侧的纵坐标，可以得到违约判别误差随 λ 变化的趋势，如图 5-5 中的实线所示。同样地，图 5-6 中的虚线表示的是随着 λ 变化，保留的变量数量的变化趋势，对应的是图 5-6 右侧的纵坐标。

5. 最优变量组合的确定

Lasso 回归的目标函数涉及 5 个参数，参数 1 为训练样本中企业的数量 $n=2\ 436$；参数 2 为最优变量个数 $q=52$；参数 3 为违约状态 y_j；参数 4 为变量数据 u_{ij}；参数 5 为最优的调和系数 $\lambda=0.000\ 171$。将上述 5 个参数代入目标函数 Z，则会反过来得到一组权重向量 β_0、β_1，通过 β_1 确定决策路径变量是否保留，进而得到了由 52 个系数不为 0 的变量组成的最优变量组合，为保证被选变量组合的可靠性，整个过程使用第四节提及的 10 折交叉验证，误差的标准差如图 5-6 阴影部分所示。

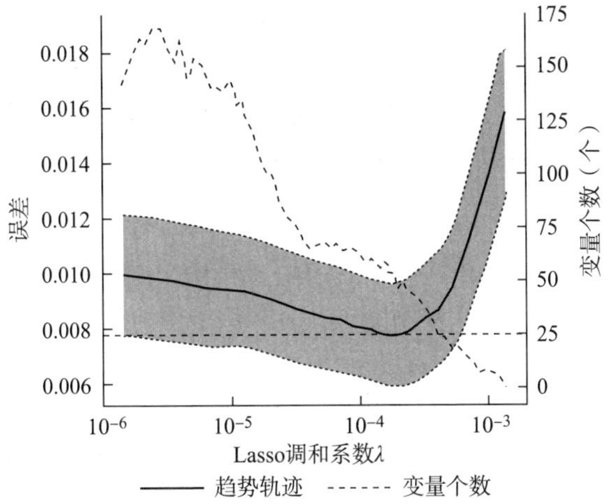

图 5－6　Lasso 回归变量降维过程

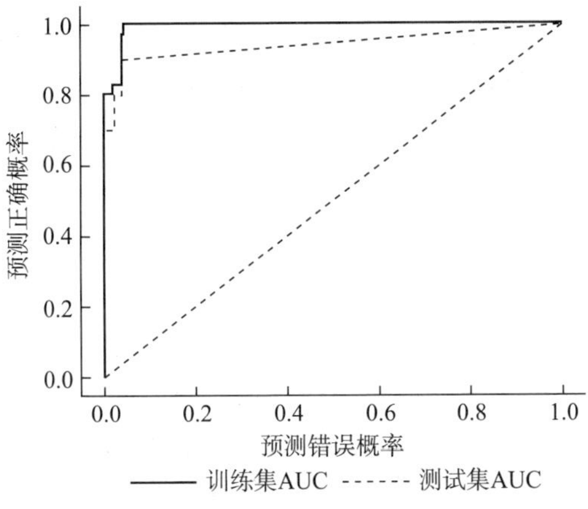

图 5－7　违约判别模型的 ROC 曲线

随后，本书通过上述研究得到的 52 个决策树路径变量可直接应用于商业银行对小企业信用违约的评估，具体应用如下：对于新加入的企业，通过将其 81 项指标与这 52 个决策树路径变量进行对比，如果该企业满足某个路径条件，则相应的决策树路径变量值设为 1，不满足则设为 0，通过这种方法，可以为新企业生成一套 52 个决策变量的数值；随后，将筛选出的 52 个变量以及 2 436 家企业的样本数据 u_{ij} 和它们对应的违约状态 y_j 代入逻辑回归方程，利用极大似然估计法来计算得到逻辑回归模型的系数 w_i 和截距项 b，得到违约判别方程如下所示：

$$p_j = p(y_j = 1 \mid u_j) = \left(1 + \exp\left(-b + \sum_i w_i u_y\right)\right)^{-1}$$
$$= \left(1 + \exp\left(\begin{array}{c} -(-3.516 + 0.532u_{13} + 0.248u_{100} + 0.234u_{121} + \cdots \\ + 0.098u_{3\,356} + 0.282u_{3\,386} + 0.099u_{3\,472}) \end{array}\right)\right)^{-1} \quad (5-14)$$

如本节所示，违约判别临界点依次取 0.001、0.002、0.003、…、0.999，同时将小企业变量数据 u_{ij} 代入上面的违约判别方程，得到 2 436 家小企业的违约概率 p_j（$j=1$，2，3，…，2 436）；违约判别临界点 $\mu=0.001$ 时，求得 2 436 家小企业的违约概率 p_j，得到 2 436 家小企业的理论判别违约状态 $\hat{y}_j$（$j=1$，2，…，2 436），并与企业的实际违约状态 y_j 比较，可以得到全部客户判对率 $Q_1=1.000$。同理，可得到 $Q_2=1.000$，…，$Q_{100}=1.750$，…，$Q_{999}=1.000$，发现最大判对率 $Q_{10}=1.845$，所对应的违约判别临界点 $\mu^*=0.010$，即：

$$\hat{y}_j = \begin{cases} 1, & p_j \geqslant 0.010 \\ 0, & p_j < 0.010 \end{cases} \quad (5-15)$$

根据违约判别模型的 F 检验得出的 P 值为 6.173×10^{-4}，根据图 5-7 展示的结果，模型在训练集上的 AUC 达到了 99.281%，在测试集上也保持在 94.090%的水平。这样的结果表明，由 52 个决策树路径变量构成的模型集合是合理的，其预测得分能够清晰地区分出违约和非违约的样本。

最后，本书将测试集样本 D^{Testing} 代入违约判别方程，得到测试集企业的违约概率 p_j^{testing}，代入违约判别临界点 $\mu^*=0.010$，得到测试集企业的理论违约状态 $\hat{y}_j^{\text{testing}}$，将判别值 $\hat{y}_j^{\text{testing}}$ 与企业的实际违约状态 y_j^{testing} 进行比较，可以得到如表 5-11 所示的违约判别混淆矩阵。

表 5-11　Lasso 回归结果

样本	实际状态	模型判别结果		合计
		1（违约）	0（非违约）	
训练集	1（违约）	40	0	40
	0（非违约）	103	2 293	2 396
	合计	143	2 293	2 436
测试集	1（违约）	9	1	10
	0（非违约）	33	566	599
	合计	42	567	609

表 5-11 的结果显示，本书所提出的方法在训练集上对违约企业的识别准确率达到了 40/40＝100%，对非违约企业的识别准确率大约为 2 293/2 396≈95.70%，综合识别能力高达 97.83%。利用本书所建立的模型对新企业的信用情况进行预测，当只有 10 个新的违约企业出现时，模型能够准确识别出 9 个，第二类错误的比率仅为 1/10＝10%，综合识别能力为 92.22%。这表明，基于大数据变量最优组合的违约预测模型具有显著的识别能力，能够有效地判断出违约企业的信用情况。

第六章 商业银行信用风险管理的现实案例

商业银行信用风险是金融领域中一个重要的研究领域，它直接关系到银行的经营安全和金融市场的稳定。本章整理并介绍了一系列现实案例，探讨了不同类型商业银行在信用风险管理方面的实践经验和教训。本章选取了代表性的国有商业银行、股份制商业银行、城市商业银行、农村商业银行、外资银行和民营商业银行作为研究对象，通过对它们的案例背景、信用风险管理状况、信用风险分析与对策、信用风险处置及启示等方面的研究，旨在提供有关信用风险识别和预警的实用经验和理论指导。

第一节　国有商业银行信用风险管理案例

本节以中国建设银行某支行为例，深入研究国有商业银行的信用风险管理问题。通过分析该支行的案例背景和信用风险管理状况，提出针对该支行的信用风险评估体系建议，并总结出值得借鉴的信用风险处置经验和启示。

一、案例背景

中国建设银行是全国性大型国有商业银行，根据其 2022 年度经营业绩显示，中国建设银行集团资产总额为 34.60 万亿元，较上年增长 14.37%；净利润为 3 231.66 亿元，较上年增长 6.33%；利息净收入为 6 430.64 亿元，较上年增长 6.22%；净利息收益率为2.02%；平均资产回报率和加权平均净资产收益率分别为1.00%和12.27%；资本充足率为18.42%，不良贷款率为1.38%，拨备覆盖率为241.53%，整体经营业绩良好。本节借鉴杨晨（2018）的研究，以中国建设银行W支行为例，研究国有大型商业银行的信用风险。该支行提供个人客户和对公客户服务，包括个人储蓄、理财服务、个人贷款、对公贷款、对公理财等多种金融产品。该支行在业务规模、资产质量和经营利润等方面处于所在省份内行业前列，积极响应国家宏观调控政策，为中小企业的发展提供支持。尽管该支行建立了信贷管理数据应用系统和客户信用评价指标体系等组织架构和信息系统，但仍需要应对信用风险带来的挑战。总体而言，中国建设银行W支行在稳健发展的道路上不断前行，同时也面临着复杂的外部经营环境的挑战，需要不断优化内部管理和服务，以应对金融市场的变化和竞争压力。

二、中国建设银行W支行信用风险管理状况

在支行的基层实践中，中国建设银行W支行主要在以下几方面存在信用风险：一是信用风险相关的宣传工作流于表面，对员工的培训工作落实不到位，宣传载体与宣传方式不能有机结合，未能达到理想效果，员工和客户对信用风险的危害认识不够深刻。二是信用风险管理人才专业化程度不够，仅有占比约39.3%的风险管理部员工具有5年以上的相关风险管理经验。三是虽然建设了企业客户信用评价指标体系，但对效益与风险的衡量存在投机心理，主观因素的存在会导致风险控制措施执行力度不足，风险评估方法滞后，主要依靠主观性较强的专家打分法。四是结构性信贷风险突出，2010—2016年，该支行小微企业贷款客户占比为85.19%，然而与大型机构相比，小微企业在稳定性和安全性方面存在先天性的劣势，容易导致银行信用风险。五是贷后工作和风险监管发挥不充分，贷后跟踪监控薄弱，信息传输存在滞后性，内部风险管理部门的监管以及外部监管的监督力度有待提高。综上所述，该支行存在外部监管机构和内部风险管理部监督管理不

充分、长远利益认识不足、信贷政策执行不够严格、绩效激励导向不利于信用风险控制、缺乏创新性的信用风险量化指标和评估方式等问题，这都会对信用风险控制产生不良影响。

三、信用风险管理改进措施

信贷风险评估作为防范商业银行信用风险的重要手段，受到学术界和业界的高度关注，《巴塞尔新资本协议》和内部评级法对全球商业银行风险管理产生重大影响。党的十八大以来，我国经济发展进入降速提质、优化结构，追求高质量发展的新阶段。20世纪70年代美国信孚银行提出将风险调整后的资本回报率（RAROC）作为衡量银行在承担风险时的收益指标，通过将交易收益与风险相关联，准确反映商业银行资产管理状况，评估商业银行绩效和风险管理水平。风险调整后的资本回报率计算公式如下：

①国际通用基本公式：$RAROC=\frac{\text{税后净利润}-\text{资本成本}}{\text{经济资本}}$

（6－1）

②中国银行业监督管理委员会公布的公式：

$$RAROC=\frac{\text{收益}-\text{预期损失}}{\text{经济资本}} \tag{6-2}$$

③总行对支行适用公式：

$$RAROC=\frac{\text{收入}-\text{支出}-\text{非预期损失}}{\text{抵御非预期损失的资本}}=\frac{\text{收入}-\text{支出}-\text{经济资本}}{\text{经济资本}}=\frac{\text{账面利润}-\text{经济资本}}{\text{经济资本}} \tag{6-3}$$

④改进后的总行对支行适用公式：

$$RAROC=\frac{\text{账面利润}+\text{调整项目}-\text{经济资本}\times\text{平均经济资本回报率}}{\text{经济资本}} \tag{6-4}$$

在风险调整后的资本回报率计算公式中，经济资本是一个新出现的统计学概念，它描述在一定时间内（如1年）、一定置信度水平上（如90%、95%、99%等），为了弥补银行的非预期损失所需要的资本，它根据银行资产的风险程度计算出来，是由商业银行的管理层内部评估而产生的配置资产或某项业务用以减缓风险冲击的资本，经济资本等于信用风险的非预期损失、市场风险的非预期损失和操作风险的非预期损失三项之和。计算经济损失的前提是必须要对商业银行的风险进行模型化和量化分析。

研究表明，RAROC模型在我国商业银行风险管理中发挥着重要作用。例如，周朝阳等（2012）利用RAROC模型对商业银行贷款定价进行分析，发现该模型能有效评估贷款风险并提供适当的风险补偿，提升风险管理效率和资金利用效益。李红等（2017）应用RAROC模型发现，大型国有商业银行在风险管理方面相对其他银行具有更高水平。胡悦等（2020）的研究指出，银行成立年限和应收账款周转率是影响银行绩效的主要因素。这些研究结果进一步证实了RAROC模型在银行风险管理实践中的重要性和有效性。RAROC与其他风险评估模型的对比如表6-1所示。

表6-1 RAROC模型与部分其他风险评估模型的比较

信用风险评估方法	具体内容
RAROC模型（李文浩等，2023）	用RAROC模型计算风险调整回报率，结果显示，国有商业银行风险管理水平稳定且出色，受新冠疫情影响较小
信用风险评估十级分类方法（郭英见，2010）	依据信息整合的原则，识别出信用风险评估的核心指标，这强调了在评估信用风险时结合非财务信息的重要性。采用基于信息融合技术的支持向量机集成模型，该模型在稳定性、预测准确性和评估效能等方面的表现均较为出色。同时，遵循新巴塞尔协议关于高级内部评级法的规定和标准，详细阐述了信用风险评估的具体步骤和流程
宏观环境与行业风险指标评价（张迪，2019）	从宏观经济和行业现状及企业自身的营业发展情况两方面评估信用风险。通过模糊层次分析法得出行业风险、担保和违约状况等因素对公司的影响较大，采用BP神经网络进行风险评估和违约判断
COSO控制五要素评价（杨晨，2018）	包含环境、风险评估、控制活动、信息与沟通、监督的内部控制系统

RAROC 模型是评估商业银行风险管理能力的有效工具，尤其适用于国有商业银行。通过该模型，商业银行能够更好地进行资本分配，将资金投向经济效益较高的领域，以降低信用风险。此外，RAROC 模型在贷款定价方面也表现出色，能够基于企业财务状况合理设定贷款利率，有助于银行避免承担过高的风险。中国建设银行 W 支行应用 RAROC 模型进行贷款定价和信用风险管理，在此基础上应从如下几点出发改进提升信用风险管理水平：一是平衡追求效益与风险控制的关系，调整绩效考核体系，确保业绩考核不仅关注短期利润，同时考量长期风险控制成效，设置风险预警机制和风险缓冲准备金，保障银行稳健运营。二是加强专业人才队伍建设，通过内部培训和外部引进方式，增加专业风险管理人才储备，鼓励员工参加国际认证考试，如金融风险管理师（FRM）、特许金融分析师（CFA），提升整体专业水平。三是严格执行客户适当性管理，加强对客户的风险偏好和承受能力的评估，只向客户提供适合其风险水平的产品和服务。四是提升业务透明度，保证所有金融产品和服务都有清晰的信息披露，让客户充分理解可能承担的风险和收益。五是恪守监管合规底线，密切关注新的监管政策动向，及时调整内部控制策略，确保业务流程符合法律法规要求，增设独立的风险审计团队，定期对各业务部门进行审计，及早发现潜在风险并提出改进建议。通过这些措施的实施，中国建设银行 W 支行能够有效提高信用风险管理能力，为客户提供更安全、更专业的服务，同时也为银行的长期稳定发展打下坚实基础。

第二节　股份制商业银行信用风险管理案例

本节以平安银行为例，探讨股份制商业银行的信用风险管理实践，详细介绍平安银行的案例背景和信用风险管理状况，提出相应的信用风险决策建议，为其他股份制商业银行提供借鉴和参考。

一、平安银行的案例背景

平安银行是总部位于广东省深圳市的全国性股份制商业银行，该银行拥有34家分行，服务范围覆盖全国。截至2023年末，平安银行总资产达5.59万亿元，同比增长5.0%；总负债为5.11万亿元，同比增长4.7%；资产负债率为91.54%。2023年末，平安银行营业收入1 646.99亿元，同比下降8.4%，但不良贷款率仍保持在1.06%的较低水平，不良贷款拨备覆盖率达277.63%，核心一级资本充足率为9.22%，显示出良好的风险抵补能力。研究平安银行的信用风险管理实践可为同类性质的商业银行提供宝贵经验和信用风险评估方法。

二、平安银行信用风险管理经验

首先，平安银行以集团保险客户资源为突破口扩展银行业务，主要面向个人、中小微企业推出多项信贷产品和服务，利用金融科技拓展业务领域，提高便捷性和效率，丰富产品线，优化客户体验。例如，平安银行推出“万里通信用卡”，推出先进的网上银行平台“18银网”，创新“新一贷”等无抵押贷款产品。在用数字技术提升金融产品和服务的同时，进一步提升信用风险管理能力，实施大数据战略，加强数据分析和应用能力，构建数据安全防护体系，建立统一的信用风险管理大数据分析与预警平台，这些措施有效地管理和控制平安银行信用风险，确保业务持续健康发展。

其次，面对趋严的金融监管环境，平安银行采用垂直化的风险管理架构，加强内部信用风险管控。平安银行总行设有专门的风险控制部门，成立风险管理委员会统筹全行信用风险管理，并向各分行和业务部门传达管理方针。各分行和部门根据本地信用风险状况有针对性地调整信贷管理和内部控制策略，确保总行到分行的风险管理链条顺畅。贷款发放前，严格审查借款人资格和信息，设立严格贷款审批程序，运用人工智能技术分析客户数据，结合金融科技建立敏感风险预警和跟踪模型，提高信用风险管理效率。强化贷款发放后的监控与管理，包括完善风险信息收集机制，深入分析风险资产特点和成因，制定明确的信用风险管理策略。风险管理委员会监督贷款后续管理执行情况，实时监控员工贷后管理行为。平安银行注重员工信贷操作流程管理，通过问题分析和责任追究建立闭环管理模式，防止不当操作导致资产质量下降和损失。禁止一人多岗、越权处理事务，禁止审批人员参与贷款申请材料制作，多渠道核实借款人信息。

第三节　城市商业银行信用风险案例

伴随着过去 30 年中国经济的高速发展，以城市商业银行和农村商业银行为代表的区域性中小商业银行的市场份额不断提升、业务规模快速壮大。近几年随着经济“新常态”确立，宏观经济进入增速放缓阶段，在金融监管趋严和防范化解系统性金融风险的监管环境下，区域性中小商业银行的风险也在不断地加大。

一、被接管前包商银行信用风险隐患

包商银行是总部位于内蒙古自治区包头市的一家城市商业银行，该行以服务小微企业著称，拥有 18 家分行、291 个营业网点及约 8 000 名员工。2012—2015 年包商银行信贷客户违约数由 126 家增加至 330 家。因严重的信用风险暴发，2019 年 5 月 24 日，包商银行被人民银行和中国银行保险监督管理委员会联合接管。2020 年 11 月 23 日，包商银行被监管部门批准破产。包商银行成为我国近 20 年来首家被行政接管的区域性中小商业银行，包商银行破产事件首次造成我国银行业票据市场实质性违约，同时也是我国第一起经由司法程序完成退市的商业银行破产案例。

我国实行对不同类型的商业银行提出不同资本充足率要求的差别准备金制度。包商银行归属于城市商业银行这一大类别，2017 年同期城市商业银行的资本充足率要求为：核心一级资本充足率不得低于 5%且一级资本充足率不得低于 6%，资本充足率不

得低于8%；同时，在最低资本要求基础上计提占风险加权资产2.5%的储备资本，该资产由核心一级资本满足。因此，按照监管要求，包商银行归属城市商业银行类别，其核心一级资本充足率不应低于7.5%，资本充足率不应低于10.5%。根据公开数据显示，包商银行一级资本充足率自2013年起呈现连年下降的趋势，2013年一级资本充足率超11%，2017年6月一级资本充足率降至7.33%，逐渐低于监管要求，连年下降的资本充足率也印证了包商银行面临的严重信用风险。

首先，包商银行授信行业和授信区域过度集中。“不要把鸡蛋放在同一个篮子里”，是资产配置和市场投资的基本原则，分散行业领域授信也是银行管控信用风险的基本准则之一。就行业而言，2012—2016年包商银行授信行业分布情况来看，制造业、批发和零售业领域贷款投放的年平均份额占比高达36.05%，包商银行存在授信行业过度集中的问题，一旦某个行业出现危机，其风险必然向包商银行传导，给银行带来较大损失。就地区而言，包商银行的主要授信投放地区是内蒙古自治区，其次为广东省，排名第三的是北京市，2016年三大地区授信投放比例依次为70.71%、10.95%、9.22%。授信投放地区过度集中，授信容易受到局部地区政策影响，也会导致包商银行的信用风险过于集中（表6－2）。

表6－2　2012—2016年包商银行授信行业分布情况

单位：%

	2012年	2013年	2014年	2015年	2016年
批发和零售贷款	22.95	25.00	28.03	24.00	21.53
制造业贷款	13.76	11.56	10.68	10.07	12.65
采矿业贷款	4.48	5.69	4.60	6.37	4.15
其他贷款	18.70	18.28	19.51	21.77	18.27
个人贷款	40.11	39.47	37.18	37.79	43.40
合计	100.00	100.00	100.00	100.00	100.00

数据来源：包商银行2012—2016年年报。

其次，包商银行信用风险识别和度量方面过于粗略。包商银行采用内部评级法对信用风险进行识别，该方法依靠财务分析、传统的定性分析，把对借款人的授信评分分为五个等级，若客户的信用状况发生改变或客户存在财务造假，包商银行根据情况对授信额度进行适当调整。该方法仅依靠财务数据和客户经理面谈等简单方式进行信用风险识别，设计较为粗糙且失之偏颇，对信用风险的识别不够全面和彻底。包商银行发生的多起内部员工违法违规放贷案件证明，包商银行内部对信用风险的研判、管理不严格，存在“熟人贷”甚至“包庇贷”行为，提高了信用风险暴发的可能性。

再次，包商银行风险监测和预警方法较落后，没有做到与时俱进。信用风险具有隐匿性和延迟性，需要精细化和灵敏的监测和预警机制。包商银行仅设置观察级和预警级两个风险监测警示级别，预警级信号也仅有一般级和严重级两个层级，无法及时、精准地判断借款人的真实信用状况。在信用风险控制方面，包商银行通常采用限额管理、风险缓释、调整授信额度等方法，当信用风险监测指标发生变化时，通常仅做出调整该笔贷款额度的风险控制措施。

最后，包商银行信用风险处置手段单一。当信用风险真实发生且无法得到有效控制时，包商银行主要依靠要求担保人还款或拍卖抵押品等方式争取资产价值变现，这是一种事后风险控制方式，无法起到事前预防的效果；且包商银行的破产事件还暴露出，该行存在抵押品损坏缺失、被调换等情况。公开可获取的数据显示，仅 2012—2014 年里，因为抵押品不完全而给包商银行带来的经济损失高达 3.57 亿元。

总体而言，包商银行信用风险管理机制设计方面，各个环节采用的方法过于简单粗糙，没有做到与时俱进，无法与当下的风险形势较好契合。

二、基于 Z-Score 模型的信用风险评估介绍

Edward Altman（1968）提出 Z-Score（Z 评分）模型，该模型基于 1964—1965 年美国制造业 33 家申请破产公司和 33 家未破产公司数据，使用 22 种财务比率，构建 5 个解释变量，建立一个多元回归模型，将公司的盈利能力、营运能力和偿债能力联系起来。该模型最终求得的 Z 评分能够反映借款人的违约风险程度，因此可以判断该企业的信用状况。Z-Score 模型在财务数据基础上对企业信用风险做出量化测算，该评分方法标准清晰，在全球范围内引起了广泛关注。

包商银行采用内部评级法对信用风险进行识别，受专家判断因素影响较大，主观性较强，Z-Score 模型指标的大小较容易判断出违约概率，且该模型还具有运行成本低的优势。Z-Score 模型适合缺乏良好内部评级系统的商业银行，该模型和长期积累的分析经验对银行自身的信贷风险管控具有重要参考价值。由于商业银行提供的产品基本属于服务类产品，适用于非制造业的 Z-Score 模型：

$$Z''=6.56X_1+3.26X_2+6.72X_3+1.05X_4 \tag{6-5}$$

在式（6-5）中，X_1 代表营运资本与总资产的比值；X_2 代表留存收益与总资产的比值；X_3 代表息税前收益与总资产的比值；X_4 代表股权市场价值与负债的账面价值之比。基于 Edward Altman 的计算，商业银行违约临界值 Z_0 为 2.675，若将灰色区域因素考虑在内，经过 Edward Altman 统计分析可以求得灰色区域为（1.23，2.90），当 Z 值小于 1.23 时，信用风险很高；当 Z 值在灰色区域范围内时，信用风险处于较高水平需引起关注。求得包商银行 2015—2018 年的 Z-Score 得分分别为 2.496 2、2.258 8、2.209 8、2.187 7，由此可见，包商银行的 Z-Score 得分位于灰色区域范围内，且逐年下降，信用风险逐年累积。

三、包商银行信用风险管理改进建议

包商银行破产暴露出的信用风险问题正是目前我国许多区域

性中小商业银行普遍存在的问题。因此，区域性中小商业银行应不断地完善公司治理效能，探索适合自身特点的最佳经营管理模式，尽可能降低信用风险发生概率。具体而言应从如下几点入手，采取有效措施。

一是要建立充分制衡且有效的内部管理机制。完善的商业银行内部治理架构既包含董事长、党委，也包含股东大会、董事会、监事会和高级管理层。首先，完善的公司治理结构，董事长充分发挥以上率下的头雁效应十分重要。包商银行、恒丰银行等银行的经营危机事件均暴露出董事长违法违规经营、贪污受贿等公司治理机制的漏洞，因此如何充分发挥其率先垂范的作用非常重要。同时，党的领导有效融入公司治理也十分关键，党的纲领和党委要求党员要比一般员工更加克己奉公，同时党委的目标也是提高银行的经营能力，提高银行的资产质量，提高市场竞争力，确保银行合法合规经营，因此时刻保持党委的领导至关重要。同时，商业银行的董事会、监事会及高级管理层人员也应该充分发挥榜样作用，形成既要相互促进又要相互监督的制衡机制。

二是要建立合理的股权结构。股权的不合理不利于银行的稳健发展和信用风险管理，因此建立合理、有效的股权结构是商业银行健康发展的必然要求。对于区域性中小商业银行而言，合理的股权结构应体现有效制衡。《中国银监会办公厅关于加强中小商业银行主要股东资格审核的通知》中规定，中小股份制商业银行包括战略投资者在内的主要股东持股比例一般不超过 20%。这一规定的目的在于防止股权过度集中，限制大股东的权利，达到多方制衡和监督的效果。包商银行接管组组长周学东称，明天集团通过其旗下 35 家公司间接分散化地持有包商银行 89.27%的股权，掌握了包商银行的绝对控制权。明天集团作为大股东，其为所欲为是造成包商银行破产的重要原因之一[①]。中小商业银行应立足自

① 周学东：《中小银行金融风险主要源于公司治理失灵：从接管包商银行看中小银行公司治理的关键》，《中国金融》，2020 年第 15 期，第 19-21 页。

身经营情况和区域特色不断探索适合自身的最优股权结构，同时应不断调整优化股权结构，实现股权多元化，提高公司治理能力和信用风险管理能力。

三是要建立高效的风险管理体系和独立的合规管理部门。近年，区域性中小商业银行的信用风险不断累积，不良贷款率不断攀升，因此中小商业银行应重视并加强信用风险管理。要加强信息技术的运用，充分利用大数据建立科学化、系统化、精准化的信用风险计量评估模型，提高信用风险识别、度量水平，从而更好地把控信用风险。独立发挥监督作用的合规管理部门对于提升中小商业银行的信用风险管理水平有很大帮助，但是很多中小商业银行对合规管理的重视程度不够，部分银行的合规管理部门并没有从风险管理中独立出来，不利于风险监控和预警。因此，中小商业银行应在总行和每家分行都应设置独立的合规管理部门，处理违规事件、弥补合规漏洞、防范合规风险，在风险可控的情况下帮助中小商业银行实现良性发展。

第四节　农村商业银行信用风险案例

农村商业银行起源于1951年成立的农村信用合作社。2011—2015年，农村信用合作社逐步改制更名为农村商业银行。自成立以来，农村信用合作社一直遵循服务农业、农村和农民以及支持地方经济发展的基本原则，下沉县域和农村，坚守支农支小市场定位，经过70余年的发展，目前已经成为我国金融体系中的“压舱石”，发挥着金融支持乡村振兴战略实施的先锋队和主力军作用。农村商业银行的存在，通过改善农村地区的融资约束，在推动农村经济社会发展方面发挥着重要作用。

一、TJ县农村商业银行的信用风险案例

2006年7月，TJ县农村信用合作社正式成立，现已改制成为TJ县农村商业银行。2012年末，TJ县农村商业银行农业相关贷

款余额为103亿元，占所有贷款的75.6%，与2008年相比，增加了61亿元，占比上升了11个百分点。受经济增速放缓，经济发展进入降速提质“新常态”的影响，TJ县农村商业银行的不良率持续攀升，2014年底，涉农类不良贷款率高达12.23%，显著高于中国银行业监督管理委员会公布的2014年全国商业银行1.29%的不良贷款率平均水平，这表明TJ县农村商业银行面临的信用风险较为严重。

从TJ县农村商业银行的贷款结构来看，保证担保是其主要的授信方式，而信用风险主要源自此类产品。根据胡耿（2015）的研究，通过几个案例深入分析贷前审查和贷后管理过程，以识别TJ县农村商业银行在贷款风险控制各环节以及管理体制机制上存在的问题。

例如，甲客户在2012年以抵押方式向TJ县农村商业银行申请了15万元贷款，期限为12个月。甲客户经营一家碎石场，并主要从事某镇的汽车运输业务，贷款目的是购买车辆。在进行贷前审查时，TJ县农村商业银行的客户经理未能充分履行调查和审核的职责。客户经理在评估甲客户的经营状况时，仅凭其广泛的人脉和多样的运输渠道给出积极评价，却未详细考察甲客户过往的具体经营细节，导致评估结果带有一定的主观性。在评价甲客户的担保人经营情况时，客户经理认为其管理严格、市场洞察力强、具备良好的抗风险能力，但同样缺乏具体的调查数据支持，使得评价缺乏客观性和准确性。在对甲客户进行信用评级时，TJ县农村商业银行的结论是，该客户为人诚恳踏实，专注于运输业务，信誉良好，生意兴旺，因此给出了一级的信用评级。基于这样的调查结果，甲客户被综合评价为所经营项目符合国家产业政策，产品适销对路，风险较低，从而顺利获批贷款。这些过于简单和随意的评价并未能真实反映甲客户的实际状况，给后续的贷款回收埋下了隐患。几个月后，TJ县开始全面整顿采石企业，由于甲客户的碎石场未能满足新的准入标准，业务出现亏损，进而导致贷款形成不良。如果TJ县农村商业银行在贷款审批前能对借款人的经营状况及采石行业的发展趋势进行更为细致深入的调查和分析，这笔贷款可能就无法达到放款条件，也就不会形成不良贷款。

再如，乙客户在2012年向TJ县农村商业银行提交了一笔15万元、期限为一年的贷款申请，用途是用于餐馆装修。乙客户在当地镇上经营一家餐馆，而这笔贷款的担保人则是从事运输业务。在完成对乙客户的基本状况和信用评级调查之后，TJ县农村商业银行给出的评价是乙客户的经营状况良好，有较强的实力，拥有多元化的收入来源，且风险较低，因此乙客户顺利获得了贷款。然而，乙客户在获得贷款后，并未按照原定计划使用资金进行餐馆装修，而是只用了7万元进行了装修，将剩下的8万元投入到了股票市场。由于乙客户缺乏股市投资经验，策略不当，最终在股市中遭受了重大损失。直到贷款到期，TJ县农村商业银行才意识到乙客户未按计划使用贷款并产生亏损，这表明TJ县农村商业银行在贷款的后续跟踪管理上未能执行到位。尽管在贷后管理中有明确的规定要求检查借款人是否按照合同规定使用贷款，但TJ县农村商业银行在实际执行过程中并未将这些规定具体化并确保实施，导致无法及时发现贷后的潜在风险。

TJ县农村商业银行所面临的不良贷款率较高问题远不止上述案例，这些问题在很大程度上都与信用社在贷款风险管理和控制过程中存在的缺陷或不当操作有关。

在贷前调查中，该行存在审查浮于表面的问题，未能充分识别潜在的风险因素。首先，信贷员过分信赖借款客户所提供的、经过修饰的财务信息，尤其是对于工商业者和小微企业而言，由于缺乏健全的财务报告体系，导致提供的财务数据并不可靠，而调查人员对此并未深究。其次，信贷员对第二还款来源给予过多重视，而对第一还款来源的分析则显得不够充分。部分信贷员持有一种观点，认为只要借款人拥有房产等作为担保，贷款违约的可能性就较低。然而，即使是高流动性的第一还款来源抵押品，其变现过程也需投入大量时间和精力。再次，信贷调查的客观性和全面性不足。某些信贷员更倾向于听取借款人的口头说明，而不愿开展现场调查，他们关注于显而易见的房产、汽车等固定资产，却忽视了借款人的个人品质、信用历史等方面，以借款人的社会地位和财力取代了对其信用观念和还款能力及意愿的深入考察。最后，存在对抵押物价值评估过高的问题，这降低了担保的有效性。为了顺利获得贷款，借款人可能会提供虚假的抵押报告，而部分信贷员无法辨识这些不实信息，或可能因利益诱惑而受到影响，导致抵押物的价值被过高估计，从而为该行的抵押贷款风险埋下隐患。

在贷款审查过程中，重形式而轻实质的问题导致无法有效防范风险。首先，对于贷款调查报告的内容缺乏深入的审核。信贷人员在审批贷款时，往往只是按照上级的指示机械性地提出是否批准贷款的建议，而没有对报告中的信息进行现场核查或进一步调查。其次，对贷款安全的认识不足。在许多贷款风险的综合评估中，TJ 县农村商业银行常常简单地认为项目市场前景良好、贷款风险低，并未对潜在的风险点进行细致分析或提出预防策略，这导致贷款安全性没有得到充分保障，从而增加了信用风险。

在贷后管理方面，检查工作不够精细，导致许多措施未能有效执行，无法充分防范风险。首先，贷后监控未能及时显示借款人资产和现金流变动情况，缺乏对借款人偿还能力的动态评估。其次，对于借款人经营活动的重大变动，如财务数据的显著变化或公司内部的重要调整，信贷人员往往未能给予足够关注，这给风险监测留下了隐患。最后，对于已经提起诉讼或已核销的贷款，信贷人员往往不愿意继续追踪，尽管有些情况下，如借款人获得拆迁补偿款时，仍有偿还贷款的意愿。放弃对这些贷款的后续追踪调查，也意味着放弃了可能收回贷款的机会。除此之外，TJ 县农村商业银行在管理体制和风险管理理念上存在不足，导致贷款信用风险持续高企。主要问题包括风险管理体系不够健全、风险控制措施执行不力，信贷机制需要进一步完善等方面。

二、TJ 县农村商业银行的信用风险改进策略

首先，规范贷款审查流程。在接收和审查借款人的申请时，应通过与客户的面对面交谈和调查来初步评估客户的经营状况、还款意愿和信用记录，从而排除那些还款能力较弱和信用记录较差的客户。第一，在贷前调查阶段，应该深入工厂、社区或村委会进行实地考察，以了解客户的实际情况，确保在细节上的处理不出现疏漏，保证客户数据的准确性。在此阶段，需要特别注意坚持贷款标准，并重视第一还款来源的保障程度。第二，需要在分析企业所处行业的发展状况和前景的基础上，详细审查企业的经营状况、现金流等情况。第三，需要密切关注借款人和企业的重大变化，并分析这些变化对企业的影响。在贷款发放之后，银行需严格实施贷后管理工作。信贷工作人员应定期或根据需要对贷款项目进行跟踪审查，一旦监测到潜在问题，应立即向管理层汇报，并迅速采取相应措施以预防或降低贷款损失风险。信贷工作人员应依据客户的信用评级和还款行为进行分类管理，区分出需要特别关注的客户和常规监控的客户。对于那些信用记录良好且按时还款的客户，可以适当减少现场检查的频次，通过电话或其他远程方式保持沟通和联系。对于信用记录不佳的客户，银行应提高现场检查的频次，深入了解客户的经营和财务状况变化情况，并做好详细记录，以便能够及时发现并解决可能出现的问题，有效预防不良贷款的发生。

其次，完善内部管理机制。第一，加强对信贷人员职业操守、文化道德等方面的教育和培训，提高信贷从业人员的思想道德水准。第二，注重对信贷人员风险识别、风险监控、风险预警和风险处置能力的培养，提高信贷人员业务操作水平。将全面风险管理理念融入企业文化中，让每个信贷人员认识到自己工作的方方面面都与信用风险息息相关，因此需要每个人尽职尽责，主动承担风险并做好控制措施。同时，要加大科技投入，培养和引进专业人才。全面风险管理对科技、人才素质提出了更高的要求，发

挥好科技在风险识别和风险控制中的作用。发挥科技在产品创新、流程再造和服务升级中的支撑性作用。第三，建立完善的信贷人员业绩考核奖惩机制，提升其对信贷工作的积极性和责任感。加大贷款责任问责力度，对在信贷发放前审查不按要求、贷前调查环节没有恪尽职守、贷后跟踪管理不到位的情况，应该及时进行严肃处理并进行批评教育。

第五节　外资银行信用风险管理案例

本节以渣打银行为研究对象，探讨外资银行的信用风险识别和预警问题。在本节中，本书对渣打银行信用风险管理方法和信用管理体系进行深入分析，总结渣打银行在信用风险处置方面的经验和启示，为其他银行提供借鉴和启示。

一、渣打银行（中国）的案例背景

渣打银行作为总部位于英国伦敦的世界知名银行，1858 年起便在中国开展业务。目前，渣打银行在上海、北京、广州、深圳、武汉等城市建立近百个营业网点。截至 2022 年末，渣打银行（中国）资产总额 2 724.50 亿元，同比增长 5.21%；总负债为 2 435.21 亿元，同比增长 5.18%；资产负债率为 89.38%。2022 年末，渣打银行（中国）营业收入 83.47 亿元，同比增长 14.83%，不良贷款率仍保持在 1.01%的较低水平，不良贷款拨备覆盖率达 295%，一级资本充足率为 16.4%，显著高于 12.3%的行业平均水平和 8.5%的监管最低要求，显示出良好的风险抵补能力。作为一家国际知名银行，与国内商业银行相比，渣打银行在内部风险管理方面具有明显的优势，能够有效评估业务的发展前景，并提供包含风险预测和风险等级划分在内的评估报告，并实行独立的矩阵式风险管理模式，除了独立的风险管理委员会负责全行风险管理之外，在各主要业务领域设立独立的风险控制部门和模块进行专业化的信用风险管理。

二、渣打银行（中国）信用风险管理架构

渣打银行（中国）信贷管理体系主要包括信贷管理架构和内部控制制度两大部分。渣打银行（中国）采用矩阵式组织架构进行内部风险管理，总行组织结构包括董事会、风险管理委员会、首席风险官、贷款审批部门、公司银行风险管理部和个人银行风险控制部门等。在董事会执行委员会下直接设立风险及内部控制管理委员会，风险及内部控制管理委员会定期召开风险管理评估会议，审议风险报告并向董事会及高层管理团队提供关键信息，董事会负责调节风险限额并提出调整建议。在总行监管下，各分支机构风险管理由贷款审批部门、公司银行风险管理和个人银行风险控制等部门组成，规定要求每项业务的进展都须提交风险评估报告，重点关注客户潜在欺诈风险、房产贷款和坏账核销政策、信用申请和审批过程、担保政策、集团客户信用风险管理和个人房屋贷款政策等。在内部控制制度方面，渣打银行（中国）根据各个操作步骤可能发生的风险，对相关员工设置不同的职责权限，每个环节必须由至少两个不同功能权限的员工共同完成，其中一个负责数据和信息录入，一个负责授权，授权人员的权限因工作经验和职位不同而有差异。同时，监控系统还会实时产生记录系统中所有信贷业务环节的追踪报告。

渣打银行（中国）的信贷管理体系关键在于提升风险意识和控制手段。主要管理战略包括选择客户、科技应用、总结评价、制定相关制度、重新组合资产、实施监督管理和建立独立管理部门。该行强调建立完善的风险监管体系，改进风险控制流程，执行信用监管，维护信用系统，以及定期检查和更新信用报告。通过专门的信息管理系统，利用信息系统的预警功能，来管理企业银行和个人银行业务。风险管理流程包括规划、执行和评估三个阶段，外资银行在信用风险管理方面展现出优势，包括相互制衡机制、精细化管理实践和持续改进的努力。渣打银行（中国）的信用风险管理方法涵盖客户背景审查、风险评估、独立风险部门设立、客户信

息库构建与维护，以及授信额度管理。在授信前，渣打银行（中国）会全面调查客户的信息，包括公司章程、信贷记录等，并通过央行征信系统查询信用状况，以降低信贷风险。风险管理部门负责客户信息库的建立和维护，确保信息安全、时效性，并建立风险预警机制，提供风险评估报告。风险评级考虑个人信息和公司状况，进行综合评定。授信额度管理通过预检额度控制，避免单一客户额度过大，有效管理客户授信风险。通过这些措施，渣打银行（中国）能有效评估和监控客户，降低信贷风险。

此外，渣打银行（中国）还根据地域特点建立不同层面的信贷政策。例如，针对中小企业的信贷政策可分为国家信贷标准、集团制定的信贷政策、分支机构对公部门制定的信贷政策三个层级。集团信贷政策是渣打银行（中国）统一贯彻执行的信贷政策，倾向于商业层面的政策，为渣打银行（中国）的风险损失设置上限，基于最低资本回报的信用风险定价，为中长期信贷进行结构性风险分散安排，防范额度分配失调或信用风险过度集中。不同分支机构的信贷政策通常由资深信贷审批主管或地区业务主管提议。

三、基于大数据的信用风险管理体系

渣打银行（中国）在基于大数据的信用风险体系包括：贷前授信调查阶段利用 AI 技术搭建智能数据仓库，授信审批阶段基于大数据建立反欺诈和信用评分模型，贷后采用流水表镜像、模拟拨测、网络路旁抓包、交易日志分析、TCP 全链路监控等手段实现全方位监控预警。

1. 贷前授信调查阶段的数据仓库建设

首先，构建数据仓库，贷前调查阶段实现数据智能采集入库。通过数据清洗、整合等处理，把通过 AI 系统自动收集的数据存储到基于 MongoDB、HBase 等技术的风险管控平台，通过 Spark、Hadoop、Yarn 等大数据技术将客户基本信息、关系网络等信息全面展现出来，通过 Hive、RHadoop 等工具实现数据的挖掘和分析，自动生成报告。

其次，智能筛选，实现客户精准画像。基于大数据挖掘技术，弥补传统的客户画像技术容易忽略的关系信息、事件信息等不足，实现360度客户立体画像。具体步骤如下：①设计特定算法，对用户行为特征信息进行挖掘；②形成面向应用层面的客户标签；③定期计算挖掘，拓展、补充客户标签。

2. 贷中阶段的反欺诈和信用评分模型

在贷款申请阶段，信贷风险管理系统在接到信贷申请指令后，首先利用反欺诈模型验证客户申请贷款意图是否存在欺诈情形，当系统识别到欺诈可能性较高时会做出系统自动拒绝的决策；当系统认为欺诈风险较低时将申请环节转入信用评级阶段，计算求得客户综合信用得分，将结果归纳为五类输出策略，即自动通过申请、建议通过申请、人工重复申请、建议拒绝申请、自动拒绝申请，并向业务部门反馈。业务部门根据反馈的结果实现对客户授信的基本分类和判断，具体流程如图6-1所示。该图中的信贷审核流程是综合反欺诈与信用评级后的最终结果，根据五种不同的输出策略，业务部门再给予不同的授信决策。例如，对于系统自动通过审核的信贷申请，客户经理会简化贷款审批流程，提高授信效率；对于系统反馈为建议通过申请、人工复核申请、建议拒绝申请的对象，客户经理会通过设置不同的授信额度、增加审批流程和环节，增加最终审批复核等方法来控制风险。

3. 贷后的预警监测

交易监控是贷后风险预警和防控的重点，渣打银行（中国）通过交易链日志分析、流水表镜像等多种手段，分析授信客户资金流向，对未按约定支付或支付规律出现异常的行为进行预警；通过TCP全链路监控、网络路旁抓包等手段，从内网探点或互联网模拟访问应用系统，抓取客户工商、税务、海关、股票价格、债券交割、新闻舆情等外部信息，将识别后的外部信息转换为标准分类，建立信息索引数据库，结合交易流水信息、征信信息等部署预警监测系统。

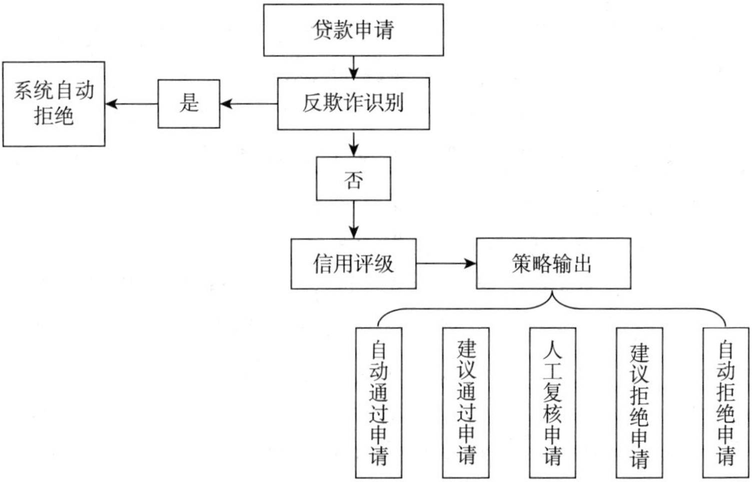

图 6-1　渣打银行（中国）基于大数据的信贷审核流程

第六节　民营商业银行信用风险识别及预警研究

在本节中，本书将以深圳前海微众银行为例，研究民营商业银行的信用风险识别和预警问题。通过对该银行的案例背景和信用风险管理状况的分析，我们将讨论民营银行的信用风险度量方法，并总结深圳前海微众银行在信用风险处置方面的经验和启示。

一、深圳前海微众银行的案例背景

民营银行是中国金融体系中独具特色的重要组成部分，对于推动我国金融体制的改革与发展具有不可忽视的作用。确保民营银行稳健发展，精确评估、识别、防范及有效管理信用风险是金融监管部门至关重要的任务。截至 2021 年 11 月，中国已有北京中关村银行、深圳前海微众银行、上海华瑞银行、武汉众邦银行、天津金城银行、温州民商银行、无锡锡商银行、湖南三湘银行、四川新网银行、重庆富民银行、吉林亿联银行、辽宁振兴银行、安徽新安银行、威海蓝海银行、江西裕民银行、梅州客商银行、浙江网商银行、福建华通银行、江苏苏宁银行 19 家非上市的民营银行，这些银行分布在多个省市，它们采用了包括“大存小贷”“小存小贷”“公存公贷”以及“特定区域存贷款”等多样化的经营模式，以适应不同市场需求。

深圳前海微众银行成立于 2014 年，注册资本为 30 亿元人民币，由腾讯控股有限公司、深圳市百业源投资有限公司和深圳市立业集团共同发起成立，其中腾讯控股有限公司作为最大股东，持有 30%的股份。该银行的业务范围广泛，包括吸收公众存款、为个人和小微企业提供贷款服务，以及开展国内外结算、票据、外汇、银行卡和债券等业务。微众银行不设实体柜台和网点，主要依靠大数据信用评级和人脸识别技术进行贷款审批，为顾客提供便捷的金融服务，是我国运用区块链技术进行个人信贷风险控制的标杆和典型银行。微众银行成为以科技为核心发展引擎的数字银行。自成立以来，微众银行坚守依法合规经营、严控风险的底线，专注为小微企业和普罗大众提供差异化、有特色、优质便捷的金融服务，并不断拓展服务的广度和深度，已形成商业可持续的数字普惠金融发展模式。深圳前海微众银行作为中国首家民营银行和互联网银行，以其鲜明的特色和强大的管理团队而著称。该银行得益于腾讯等互联网公司的生态系统和征信平台的支持，展现出巨大的发展潜力。

二、民营银行的信用风险度量方法讨论

对于民营商业银行而言，在运营过程中会面临一系列特有的风险，包括信用风险、经营风险、破产风险和道德风险等（施雨水等，2017）。信用风险在民营银行中表现为借款人偿债能力下降导致的本金和利息偿还困难，影响银行收入和利润。与传统商业银行相比，民营银行的信用风险除了受宏观经济因素如经济周期、政策、监管和疫情影响外，还受内部因素如流动性、关联风险、

战略和业务模式等因素的影响。尽管2020年11家民营银行的不良贷款率大约在1.21%，但由于民营银行规模较小，不良贷款率和资产负债率并不能完全反映其真实信用风险。

近年，学者们对商业银行信用风险的识别和管理已有诸多研究成果，但针对民营银行的信用风险度量及评估的研究还相对较少。现代信用风险评估模型如Credit Metrics和Credit Risk+应用广泛，但在实际应用中存在如准确性有限、应用条件限制较多、对数据依赖性强等问题。鉴于此，需要根据民营银行信用风险的特点，采用现代大数据科学技术，探索适合的信用风险度量方法，同时也有助于完善民营银行的风险预警和管理机制，加强中国商业银行信用风险理论体系的建设。

Kealhofer等（1993）基于Black等（1973）的期权定价理论提出KMV模型，该模型通过企业的负债账面价值、资产价值及其波动率来评估信用风险，计算资产价值及其波动性，设定违约点和违约距离。KMV模型的基本计算步骤如下：

第一步，测度资产价值和波动率。企业资产价值 V_A 满足如下条件：

$$dV_A = \mu_A V_A dT + \sigma_A V_A dz \tag{6-6}$$

在式（6-6）中，μ_A 是企业资产瞬时收益率，公司股权价值 V_E 满足如下条件：

$$V_E = V_A N(d_1) - e^{-rT} D N(d_2) \tag{6-7}$$

在式（6-7）中，r 为无风险利率，d_1 和 d_2 分别满足如下关系：

$$d_1 = \left[\ln\left(\frac{V_A}{D}\right) + \left(r + \frac{1}{2}\sigma_A^2\right)T\right] / \sigma_A \sqrt{T}；\ d_2 = d_1 - \sigma_A \sqrt{T} \tag{6-8}$$

对式（6-8）进行微分后求得股价波动率 σ_E：

$$\sigma_E = \frac{V_A N(d_1)}{V_E}\sigma_A \tag{6-9}$$

将式（6-8）和式（6-9）联立方程求解得到企业资产价值 V_A 及波动率 σ_A。

第二步，对企业债务违约点（default point，简称 DP）和违约距离（distance to default，简称 DD）进行测算。违约最频繁发生的临界点，即为违约点（DP），预期资产价值到违约点的距离，即为违约距离（DD）。在企业违约数据库基础上总结出经验违约点（DP）为：

$$DP = STD + 0.5 \times LTD \tag{6-10}$$

在式（6－10）中，STD 为短期负债，LTD 为长期负债。企业违约距离（DD）可表示为：

$$DD = \frac{E(V_A) - DP}{E(V_A)\sigma_A} \tag{6-11}$$

在式（6－11）中，$E(V_A)$ 是企业预期资产价值，可由如下公式求得：

$$E(V_A) = V_A{}^t e^{\mu(T-1)} \tag{6-12}$$

在式（6－12）中，$V_A{}^t$ 是企业在 t 时刻的现有资产价值，μ 为企业资产价值预期增长率。

第三步，企业违约距离和预期违约概率的关系映射为二者相对稳定的函数关系，并拟合成一条平滑的曲线，即理论违约率（PD）：

$$PD = N(-DD) = 1 - N(DD) \tag{6-13}$$

在式（6－13）中，$N(\cdot)$ 为标准正态分布函数（图 6－2、图 6－3）。

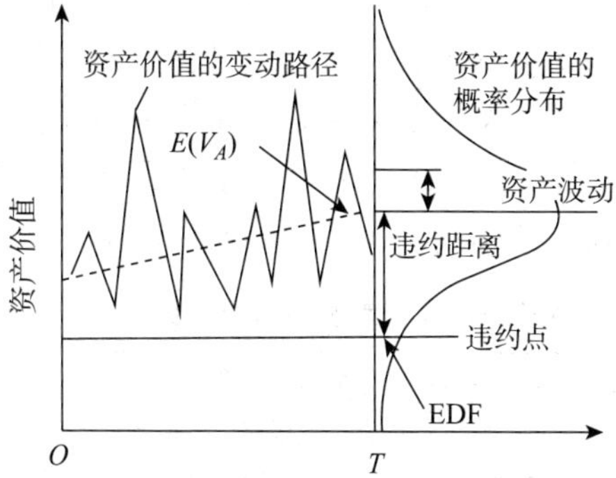

图 6－2　KMV 模型违约概率分布

资料来源：洪玫主编，《资信评级》，中国人民大学出版社，第 36-39 页。

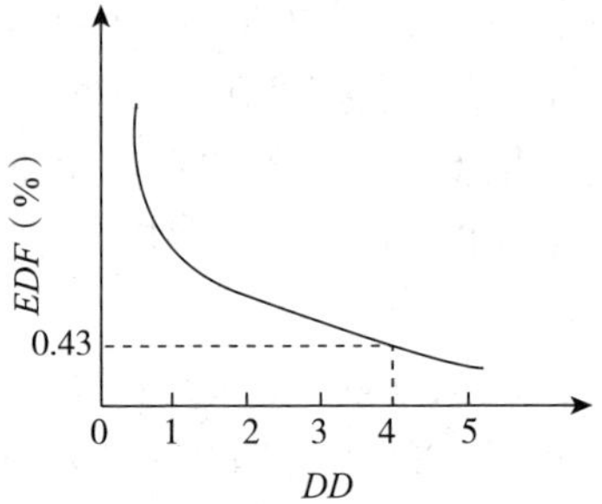

图 6－3　违约距离和预期违约概率关系

资料来源：巴塞尔银行监管委员会编，罗平编审，《外部信用评级与内部信用评级体系》，第 118-120 页。

相较于传统的 Probit 多元判别模型和未考虑违约距离的 Logistic 模型，KMV 模型在识别信用风险方面更有效，在中国的实证研究中显示了其适用性和有效性（凌江怀等，2013；李晟等，2016）。姚德权等（2015）、王莛等（2018）的研究证实了修正后的 KMV 模型在商业银行信用风险评估中的可行性，KMV 模型是一个被广泛认可且有效的现代信用风险量化工具。然而，对于非上市的民营银行等企业而言，由于缺乏股权市场价值和波动率两个关键变量，计算违约率和违约距离需要首先合理估算出股权的市场价值及其波动率。目前，将 KMV 模型应用于非上市公司的主要方法有四种：行业替代法、回归估计法、现金流贴现法以及结合其他模型的方法。这些方法为非上市企业的信用风险评估提供了可能的解决方案。程小轩（2022）研究了 19 家民营银行在修正 KMV 模型下的信用风险水平，具体做法如表 6－3 所示。

表 6－3　修正 KMV 模型测算非上市民营银行信用风险

基本假设	①当企业资产的价值小于负债，就会发生违约； ②企业资本结构仅包括所有者权益、总债务； ③满足 BSM 模型的基本假设，即资本市场完美、价格变动连续、企业价值变化服从布朗分布等； ④违约距离是评价信用风险的合适指标

（续）

具体步骤	参照组：12 家上市商业银行 修正传统的 KMV 模型 ①测度资产价值及资产波动率； ②测度公司债务违约点和违约距离； ③构造公司违约距离和预期违约概率的映射关系	实证组：非上市民营银行 ①采用回归估计法确定上市商业银行资产价值及其波动率与财务指标的回归方程； ②确定非上市民营银行资产价值及其波动率与其财务指标的回归方程并计算违约距离及违约概率
实证结果	参照组上市商业银行违约距离和违约概率之间成反比，与信用评级结果一致；修正 KMV 模型具有有效性	①线性回归系数显著； ②非上市民营银行信用风险较大，可能与其资产价值、负债规模以及盈利能力相关； ③由修正 KMV 模型计算出来的违约距离以及违约概率具有较高的信用风险识别能力

由表 6－3 所示，通过实证组和参照组样本数据的对比发现，非上市民营银行信用风险可能与其资产价值、负债规模以及盈利能力等指标相关，基于修正 KMV 模型计算出来的违约距离以及违约概率具有较早的信用风险识别能力。

第七章 研究结论、实践建议及启示

本书的最后一章，首先回顾了全书的研究结论，本书从大数据背景下的信用风险评估和预警模型建设角度入手，对商业银行的信用风险评估问题展开了深入的研究。随后，提出了应从加强对信用风险管理的思想认识，建立专业信用风险管理团队，加强数据积累和管理，建立高效、灵活、智能的信用风险管理平台等方面入手，实现信用风险全流程管理。本书第三节从数据资产化的机遇和挑战、数据资产化应用的实施路径、数据资产评估方法、数据资产交易步骤、数据资本化的方式等方面提出了数据资产化的启示。

第一节 研究结论

相对于金融科技公司和国有大型商业银行，以城市商业银行和农村商业银行为代表的区域性中小商业银行在互联网贷款领域的起步较晚。在初始阶段，区域性中小商业银行主要通过联合贷款和助贷业务来渗透市场。然而，随着互联网的迅速发展和普及，区域性中小商业银行开始意识到自营互联网贷款产品的重要性，并逐步加大了对这一领域的研发力度。相较于全国性商业银行，区域性中小商业银行在信用风险管理意识和技术上稍显落后，但其正在逐步开展信用风险建模工作，积极应对信息技术革命和银行数字化变革的挑战。目前，区域性中小商业银行不良贷款率和不良贷款余额均处于较高水平，这意味着区域性中小商业银行在信贷风险管理方面仍有一定的改进空间，需要加强风险管理意识和技术水平，以提高其信贷业务的质量和效率。

本书从大数据背景下的信用风险评估和预警模型建设角度入手，对商业银行的信用风险评估问题进行了深入的研究。首先对大数据和信贷风险管理等相关概念和理论进行了归纳总结，以确立研究的理论框架和基础。随后，详细梳理和介绍了商业银行信用风险评估的常用方法，包括传统的专家评分法以及现代的量化建模方法，如逻辑回归模型、决策树模型、支持向量机、神经网络模型等。通过对这些方法的介绍和比较，可以更好地理解商业银行在信用风险评估方面所面临的挑战和机遇，为后续的研究工作奠定基础。针对专家评分法、逻辑回归模型、决策树和 BP 神经网络等几种信用风险评估建模方法，可以从模型的精准程度、可解释性和复杂程度等几个维度进行归纳总结和对比。

专家评分法是商业银行信用风险评估中历史悠久且应用广泛的一种方法。它通过评估客户的还款能力和还款意愿来判断贷款违约的可能性。这种方法的优势在于其模型结构相对简单，数据要求低，使用范围广泛。然而，专家评分法的主要劣势之一是其建模思路主要依赖于专家的经验判断，这导致了模型的稳定性较差、主观性较强，以及滞后性明显。

相比之下，逻辑回归模型、决策树模型、支持向量机模型、神经网络模型更加注重对数据的应用。逻辑回归模型以其易于掌握、可解释性强和稳定性高等优点成为金融领域中广泛采用的风险量化建模技术之一，逻辑回归模型的结果可以经过数学转换得到评分卡形式，使得变量的经济学意义更容易解释。然而，逻辑回归模型对数据的要求较高，在样本数量较少时容易出现偏差。

另一方面，神经网络模型作为一种机器学习模型，对数据没有严格的条件要求，具有自学习和自组织等特性。在应用过程中，神经网络模型不需要给出明确的函数形式，从而避免了主观设定函数形式可能带来的误差。然而，神经网络模型的解释性较差，而且稳定性相对较弱。

尽管逻辑回归模型和神经网络模型各有优劣，但目前尚无一种算法或模型能够兼顾样本量要求、可解释性和预测效果的最优平衡。因此，在进行信用风险建模时，应根据数据情况和业务实际需求选择合适的建模方法。在实践中，可能需要综合考虑多种模型的结果，或者采用集成学习等方法来提高模型的综合性能。

第二节　实践建议

基于大数据的信贷风险识别和预警是商业银行利用信用风险建模方法，在客户基础数据、财务数据、行为数据等海量数据的支持下，对客户信用风险进行量化分析和评估的重要手段。近年，受新冠疫情影响，经济下行压力进一步加大，商业银行所面对的信用风险呈现出了突发性、复杂性、隐蔽性和集中性等新特点。同时，金融科技公司和全国性银行的竞争也日益激烈，这使得商业银行在复杂的宏观环境和市场竞争下，必须全面提升信用风险管理水平。为了有效应对这些挑战，商业银行应该从多个方面入手：首先，要加强对信用风险管理的思想认识，将其置于战略高度，使全行人员都认识到信用风险管理是银行业务发展的基础。其次，建立专业的信用风险管理团队，包括数据科学家、风险分析师、模型开发人员等，提高团队的专业水平和技术能力。再次，加强对客户基础数据、财务数据和行为数据的积累和管理，确保数据的质量和完整性，为信用风险建模提供可靠的数据支持。又次，建设高效、灵活、智能的信用风险管理平台，整合各类数据和模型，实现信用风险识别、评估和预警的全流程管理。此外，商业银行还应积极寻求与金融科技公司、数据资产公司等的合作，利用其技术和资源优势，共同探索信用风险管理的创新方法和解决方案。最后，建立学习型组织机制，定期组织培训和学习交流活动，不断学习和吸收国内外最新的信用风险管理理论和实践经验，不断改进和优化信用风险管理模型和方法。通过以上措施的落实，商业银行可以更好地应对新的经济环境和市场挑战，提升信用风险管理水平，确保业务的稳健发展。针对信用风险管理能力较弱的区域性中小商业银行，具体的改进建议可从如下几点入手。

第一，区域性中小商业银行应该加强对信用风险评估和管理工作的认识。信用风险模型体系是与具体业务场景紧密结合的，它需要充分利用大数据、专家智慧和历史经验。尽管区域性中小商业银行在人才、地域和经验等方面存在一定限制，但仍然可以依托本地市场的地域优势，通过推动科技转型战略规划、强化数据资产意识、积极拥抱前沿科技、深化金融生态合作等方式来打通平台、数据和风控全流程，从而打造产品全生命周期风控策略。这样一来，区域性中小商业银行可以在降低金融欺诈和信用风险的同时，全面提升客户体验和自主风险建模能力。

第二，区域性中小商业银行应该重视人才培养，并建立专业的风险管理团队。随着商业银行数字银行转型步伐的加快，“线上＋线下”互联网贷款产品的研发需求明显增加，因此对信用风险建模人员的数量和专业能力提出了更高的要求。为此，区域性中小商业银行需要重视培养和引进那些既懂大数据技术又懂银行业务的复合型人才。为了实现这一目标，区域性中小商业银行可以创新人才培养、管理和引进机制，通过项目参与、外出学习、外部引进等多种方式，按照建立专业团队、信息保密、循序渐进、积极审慎发展的原则，加快组建自主可控的专业信用风险建模和管理团队。这样的举措可以尽快形成高效率、高标准、切实符合本行发展方向的完整风险管理体系，从而支持不同客群、不同场景、精细化信贷产品的发展需求。

第三，区域性中小商业银行应积极对接外部数据，加强数据积累。数据在信用风险建模中扮演着核心角色，而真实有效、标准合规、完整可用的外部数据资源更是至关重要。这些外部数据资源不仅可以解决商业银行自身数据覆盖范围较窄、质量不佳、整合困难等问题，还有可能成为银行的附加数据资产，实质性提升银行的核心竞争力。因此，区域性中小商业银行应该积极对接各种渠道的外部数据，尤其是来自政府权威部门的数据，如公积金、社保、税务、电力、工商、司法、公安等数据。这些数据对于核算客户的资产状况、还款能力，以及评价客户的还款意愿，都具有非常重要的意义。通过充分利用外部数据资源，商业银行可以更准确地测算客户的信用风险，从而更好地保障自身的资产安全和业务稳健发展。

第四，区域性中小商业银行应关注数据质量，加强数据治理。随着经济增速放缓，实体经济低迷，不良贷款增加，商业银行必须充分利用大数据，并不断创新信贷风险监测模式，提升自身的风险管理能力，以更好地应对经济形势的变化。区域性中小商业银行在信用风险建模中面临的一个主要挑战是历史样本数据数量有限，而且数据质量不佳。在大数据时代，开展客户风险画像是必然趋势。因此，区域性中小商业银行应重新审视数据填报规则，规范各项数据填报流程，并重视关键数据的积累，如客户资产状况数据、收入数据、金融资产数据等。通过持续严格的数据治理，建立起完整、有价值、能够支撑决策、易于访问的数据资产，为信用风险建模提供准确可靠、跨系统、标准化的数据支持。这样的举措将有助于商业银行更有效地识别和管理信用风险，从而提升整体的风险管理水平，确保其在不稳定的经济环境中保持稳健发展。

第五，区域性中小商业银行应加强数据管理平台建设，构建客户全方位信息视图。在商业银行的实践中，客户数据通常分散在不同的管理部门或业务系统中。例如，客户金融资产数据通常存储在客户关系管理系统中，而客户信贷数据及资产数据则存放在信贷管理系统中。由于各类数据的分散存储、平台异构、标准不统一以及存在冗余度高等问题，商业银行更需要建设一个综合性的数据总控服务平台。这个平台应该具备高并发、可扩展、强容错等接口功能，从而为信用风险建模提供强大的支撑和保障。在数据管理平台的支持下，商业银行可以构建客户全方位信息视图。这一视图将整合并展现客户在不同系统中的相关信息，从而进一步缓解“信息孤岛”所带来的信息不对称问题。通过客户全方位信息视图，银行可以更全面地了解客户的金融状况、交易行为和信用风险情况，从而提高风险防控的主动性和智能性。这样的举措有助于商业银行更有效地识别和管理信用风险，提升整体的风险管理水平，增强对不断变化的市场环境的适应能力。

第六，区域性中小商业银行应加强与外部合作，注重在合作过程中的学习，逐步实现信用风险建模的自主开发。目前，区域性中小商业银行在研发自营互联网贷款产品方面大多采取与外部合作的方式，无论是联合运营还是项目制。在这一过程中，商业银行应抓住合作机会，充分利用双方合作的知识转移机会，加强学习、积累经验，逐步实现信用风险建模工作由需要外部支持过渡到自主开发。通过与外部合作伙伴的密切合作，区域性中小商业银行可以获取到更丰富的行业经验和技术支持，加速自身在信用风险建模领域的学习和成长。区域性中小商业银行应该重视从合作中学习到的经验和技能，不断积累和完善自身的信用风险建模能力。同时，区域性中小商业银行还应该主动参与合作项目的各个阶段，积极提出建设性意见和改进建议，以促进合作项目的顺利推进和提高合作效率。随着经验的积累和技能的提升，区域性中小商业银行应逐步朝着自主开发的方向发展，建立起自己的信用风险建模团队，并借助先进的技术手段和大数据分析工具，实现对信用风险更加准确和精细地评估。通过逐步转变，区域性中小商业银行可以降低对外部支持的依赖，提高信用风险建模的灵活性和自主性，更好地适应市场的变化和需求的变化，实现持续稳定的发展。

第三节 数据资产化启示

2015 年 8 月，国务院印发《促进大数据发展行动纲要》指出，信息技术与经济社会的交汇融合引发了数据量迅猛增长，数据已成为国家基础性战略资源，对全球生产、流通、分配、消费活动以及经济运行机制等产生日益重要的影响。2019 年 10 月，党的十九届四中全会将数据列为第五大生产要素，围绕数据要素市场发展谋篇布局，党中央、国务院陆续发布系列政策文件，形成了推动数据资产化的强大合力。2022—2023 年，中共中央、国务院、财政部分别先后印发《关于构建数据基础制度更好发挥数据要素作用的意见》《数字中国建设整体布局规划》《企业数据资源相关会计处理暂行规定》，为数据要素市场提供了顶层设计方案。2024 年 1 月财政部又印发《关于加强数据资产管理的指导意见》，明确了数据的资产属性及入表的适用范围、会计处理方法、列示和披露要求，提出依法合规推动数据资产化，平等保护各类主体数据资产合法权益，创新数据资产管理方式方法，严防数据资产应用风险等具体要求，为数据资产应用提供了制度依据。

一、数据资产化的机遇和挑战

数据资产化为数字经济发展带来新的机遇。首先，数据资产化有利于提高“产业数字化、数字产业化”建设效率。数据资产应用满足了不同产业领域数字化改造要求；同时，通过数据资产的量化，企业可以更有效地进行资源配置，优化业务流程，提高决策质效。其次，数据资产化有利于激发市场主体的活力。数据资产化能够实现价值变现，增加融资渠道，有效提升资产价值，也为金融机构产品创新和业务发展提供广阔空间。

数据资产化也面临新的挑战。首先，数据资产的定性难。与传统资产相比，数据资产具有无形性、虚拟性、时效性、规模性等特征，如何在财务报表中准确地定性描述数据资产的特征存在一定的困难。其次，数据资产的标准计量难度大。由于参与数据经济活动的主体众多，数据资源的外延性导致其公共性和私人性边界模糊，受到数据来源、质量、使用方式等多种因素的影响，数据生产与交易的成本收益难以用传统方法评估，数据资产的价值往往难以准确计量。最后，数据资产相关法律、法规存在完善空间。大数据产业已成为新一轮科技革命和产业变革中一个蓬勃兴起的新产业，互联网市场围绕数据的竞争与争议不断涌现，关于数据交易、用户权益与商业模式的讨论从未停止，引发了各方对数据时代数据规则的检视与反思，数据商业利用行为的法律风险也日益凸显。

二、数据资产应用的实施路径

数据资产应用是一个循序渐进的过程，根据数据资产的应用深度，可大致分为数据资源化、数据资产化和数据资本化三个阶段。

第一个阶段是数据的资源化阶段。这是指大数据成为企业和社会关注和争相抢夺的焦点，成为重要的战略资源。数据资源化阶段的核心任务包括：首先，明晰数据产权。明确数据的所有权、使用权等权益归属，明确各方权利、义务，为数据交易和流通奠定基础。其次，数据治理。对数据进行加工、整理，使其变为可以指导行业规划、提供数据服务的数据资源，同时注意数据安全、进行脱敏处理。再次，数据标准化处理。通过加工、整理、分析、可视化等处理方式，将数据进行标准化，满足特定业务需求或用户需求。最后，数据质量管理。通过数据模型管理和数据开发管理，提高数据的规范性、可用性。在数据资源化阶段形成的数据资产主要包括数据集、数据服务、数据应用三种形态。

数据集是数据资产中最基础的形态，它是经过加工处理形成某一主题的、可满足用户模型化需求的数据集合，数据集通常仅包含数据资源，如数据、数据集、数据产品、离线数据包、信息（信息服务）、数据服务（数据更新服务）、查询、评分（评级）、指数等，数据集的价值主要体现在为后续的数据加工、分析和应用奠定坚实的数据基础。

数据服务是指数据资源经过加工整理后形成的、可为用户提供满足特定需求的数据处理结果和服务，与数据集仅提供原始数据资源不同，数据服务不仅包含数据资源，还提供诸如数据采集、数据传输、数据资源加工处理（如数据计算、数据分析、数据可视化等）、数据交换等定制化服务。具体而言，数据服务可包括产业图谱、客群或用户画像、产品研究报告、行业发展现状评估等多种形式。

数据应用是指数据资源经过软件、算法、模型等工具处理，或经过工具处理后可提供定制化服务形成的解决方案。数据应用包含数据资源、工具和服务三个部分，如预测、估值、计算、评分、评级、评估、指数化、数据分析和挖掘、数据归集、数据治理、数据清洗和整理等。数据应用是将数据与算法模型、软件工具、定制化服务等有机结合，为用户提供可直接使用的解决方案，降低了用户的使用门槛。与单纯的数据集和数据服务相比，数据应用的价值链条更长，附加值更高。未来，随着人工智能、大数据等新技术的不断创新发展，数据应用将有更广阔的发展空间。

数据资源应用的价值体现在以下几个方面：一是决策支持。通过对内外部数据资源的系统管理和分析利用，企业能够提升决策的科学性和前瞻性，降低经营风险。二是业务优化。利用数据洞见优化内部流程，提高运营效率，降低运营成本。三是创新驱动。结合新技术，通过数据资源开发创新产品和服务，培育数字新业务模式，发掘新的利润增长点。四是增强竞争力。拥有丰富的数据资源储备和先进的数据管理能力，可以使企业在行业竞争中占据优势地位。五是洞见发现。通过数据分析，企业能够洞悉市场新趋势、用户新需求，抢占市场先机，引领行业创新。六是提升客户体验。基于数据资源，企业能够更精准地了解客户需求，提供个性化、智能化的产品和服务，增强客户黏性。数据资源对提升企业决策能力、运营效率、创新实力、竞争优势等都有重大意义。

商业银行作为金融企业，也需要加强数据资源管理和应用。例如，民生银行发布《中国民生银行数据战略（2023—2025年）》，提出将数据作为战略资产，在确保数据的完整性、准确性、有效性基础上，审慎并积极地推进数据采集、管理、应用和共享，实现数据深度赋能金融服务全流程、贯穿业务运营全链条。2023年中信银行年报中披露，该行以打造企业级数据治理体系为目标，持续提升数据能力，全面开展数据资产盘点和指标数据标准管理，现已沉淀超6万项数据资产。华夏银行规划并建立了数据资产管理平台，依托该平台开展了整体数据资产管理与运营工作，实现了数据资产工作的线上化，提升了数据资产的使用效率与应用价值。

第二个阶段是数据的资产化阶段。数据资产化阶段是将数据资源转化为数据产品，并对数据产品进行估值、入表处理的过程。数据资产形成、数据资产管理与变现是数据资产化的两个阶段。首先，数据资产形成阶段可以分为数据基础能力数据化和业务数据化两个环节，主要是以数据采集、源数据建设、数据分析与应用等为主。其次，数据资产管理与变现阶段，主要包括数据资产变现和数据资产化两个环节，包括数据分析、数据可视化、数据全流程治理、数据决策应用和数据营销变现等。

第三个阶段是数据的资本化阶段。数据资本化阶段是将数据产品纳入金融体系，设计金融衍生产品进行交易。数据资本化主要包括数据资产证券化、数据资产信贷融资、数据资产信托、数据资产保险产品四种方式。

三、数据资产评估方法

数据资产尚无普适的定价标准和健全的交易机制，目前理论和实践中接受度较高的估值方法主要基于数据资产的投入价值或产出价值，主要有三种方法：一是成本法。将数据生成、加工、存储等投入的全部直接和间接费用予以资本化，作为数据资产的估值基础。适用于数据资产处于初始阶段，难以预测未来价值的情况。二是收益法。分析数据资产在未来可创造的经济价值，将数据资产带来的未来预期收益作为估值基础，并考虑数据的有效期、折现率等因素进行现值化。三是市场法。参照同类或类似数据资产的市场交易价格进行评估。受市场参考样本稀缺的限制，该方法在数据资产估值中应用较为有限。

在数据资产评估的基础上，对数据资产进行入表处理。数据资产入表是指将企业的数据资产在财务报表中予以体现，以反映企业在数据要素方面的投入和收益。入表条件根据财政部印发的《企业数据资源相关会计处理暂行规定》《关于加强数据资产管理的指导意见》及财政部指导下、中国资产评估协会制定的《数据资产评估指导意见》规定，可归纳为：一是企业合法拥有或控制。数据资产的产权归属明确、完整、无争议。二是预期带来经济利益流入。企业可以结合数据应用场景或数据赋能业务带来预期经济利益流入。三是符合会计准则且可计量。符合《企业会计准则第 6 号——无形资产》等会计准则要求。

数据资产入表步骤可归纳为：一是梳理数据资源。筛选具备数据资产化条件的数据资源，包括企业内部数据及外部数据。二是满足入表条件。通过合同、授权等方式证明对数据的控制权和使用权等，并证明相关数据预期未来一定时期内可获得经济利益流入。三是确定数据资产的计量方法。根据数据的特性以及带来的经济利益流入方式，确定适当的会计计量方法，如成本法、公允价值法等。四是制定企业会计政策。制定相应的会计政策，以规范数据资产的会计处理方法，包括数据资产的初始确认、后续计量、减值测试以及终止确认等。五是编制财务报表。根据会计政策和相关准则，将数据资产纳入财务报表，并与其他资产、负债和权益项目进行恰当地分类和计量。六是披露相关信息。在财务报表中披露与数据资产相关的信息，包括数据资产的类别、数量、价值、来源以及对经营业绩的影响等，提高财务报表的透明度和可比性。

2024 年以来，全国各地各行业开始不断涌现数据资产入表项目。例如，2024 年 1 月，浙江省桐乡市落地全国首单工业互联网数据资产化项目；扬子国投率先完成全国首单水务行业数据资产入表项目，首批 3 000 户企业用水脱敏数据实现资产化；成都市金牛城市建设投资经营集团有限公司成为国内首批完成城投经营数据资源入表的企业。2024 年 2 月，先导（苏州）数字产业投资有限公司完成全国首单车联网数据资产入表项目，超 30 亿条智慧交通路侧感知数据资源实现资产化；济南能源集团完成山东省内首单热网监测数据资产评估工作，实现供热管网 GIS 系统数据入表。2024 年 3 月，经过合规确权、清洗加工、成本归集和分摊、质量评价以及资产登记等一系列流程，山东高速集团在山东数据交易有限公司完成资产登记，成功实现首批数据资产入账入表，此次数据资产入账入表，涉及高速股份路网车流量、财务智能分析平台、通汇资本对公数字支付科技平台等的数据监测产品，评估价值超 7 200 万元，数据资产入账价值高达 351 万元，成为我国首批数据资产入账入表的高速公路运营企业。

四、数据资产交易步骤

当数据完成资源化、数据产品化，形成具有交换价值和技术可行性的数据资产后，就可以有条件进入数据交易所交易。数据资产交易的基本实现步骤为：一是数据交易所登记与审查。将数据资产提交至数据交易所或数据交易机构进行登记和审查，数据交易所会对数据资产进行严格的审核，确保其合法性、合规性和真实性。二是取得数据资产凭证。经过审查后取得官方数据资产凭证，数据资产凭证是依托于全国数据交易链，用于记录数据资产交易、交付、权属等信息的电子凭证。三是定价与挂牌上市。获取数据资产凭证后开始数据资产的定价，定价通常由交易双方协商确定，同时数据交易所也会提供价格指导和监督，定价完成后，数据资产可以在数据交易所挂牌上市，供潜在的买家浏览和购买。

据不完全统计，截至 2023 年 6 月底，由各地政府主导、发起或批复的数据交易所达 44 家，头部数据交易所交易规模已步入亿元至 10 亿元数量级，且呈现出爆发式增长趋势。例如，山东数据交易有限公司是山东省唯一的省级数据资产交易机构，该公司经山东省政府批准，由山东省大数据局和山东省国资委推动设立，山东产权交易集团有限公司控股成立，提供数据交易平台、数据产品开发、数据应用、公共数据资源开放渠道等服务。公司研发上线了山东省数据（产品）登记平台、山东省工业大数据交易平台、山东省数据交易平台，为山东全省数据要素高效、有序流通提供平台支撑。根据山东省国资委官方公布信息显示，目前山东数据交易有限公司数据产品登记数量近 500 项，参与登记企业超 150 家，场内累计交易近 1 亿元；已完成全国卫生健康领域首笔数据产品场内交易；山东数据交易平台获评“2023 年全国十佳数据交易平台”荣誉称号。数据资产交易平台业务办理的基本流程如下：①企业情况认证。在对数据进行登记之前，需要首先对申请数据产品登记的企业其经营、信誉等情况进行认证审核。②企业提出申请。根据数据产品登记信息规范的要求，申请企业填写数据产品登记信息，并以承诺书的形式对数据信息准确性、完整性、有效性、合法合规性做出保证。③监管部门初审。相关监管部门的初审人员对数据产品登记信息的准确性、完整性、有效性、合法合规性进行审查。④监管部门复审。相关监管部门的复审人员再次审核数据产品登记信息的准确性、真实性，确保审核内容、审核标准与初审环节一致。⑤数据产品信息公示。相关监管部门将通过复审的数据产品登记信息进行不少于 7 个自然日的公示，并收集对该数据产品的异议。⑥异议处理。判断公示期间收集到异议信息的有效性，终止存在有效异议数据产品的登记申请。⑦登记证书发放。为无异议或存在无效异议的数据产品发放登记证书，登记证书应记载数据产品的名称、申请人、产品类型、登记号等信息。⑧公开登记信息。在数据产品登记证书发放后，向全社会公开数据产品可公开的相关信息。⑨网上交易。标明交易价款、交易方式、基本信息等，供潜在的买方购买、交易。

五、数据资本化

数据资本化阶段是将数据产品纳入金融体系，设计金融衍生产品进行交易。例如，可以对数据使用权、所有权等进行拆分，发行无本可交债券或股权类产品；或直接在数据交易所等市场平台上开展交易。数据资本化主要有以下几种方式。

一是数据资产证券化。数据资产证券化是将数据资产打包成证券产品，通过发行债券或股票等方式在资本市场融资。例如，2023 年 7 月，由杭州高新金投控股集团有限公司发行的第一期高新区（滨江）数据知识产权定向资产支持票据（ABN）在中国银行间市场交易商协会簿记成功。作为浙江省自贸区首单知识产权证券化产品，也是全国首单数据知识产权证券化产品，该项目打破了传统的融资方式，实现了“知产”变资产、“数据”变红利，在实操层面形成了数据要素产权化的有效新路径。

二是数据资产信贷融资。数据资产信贷融资是将数据资产作为质押物向金融机构申请贷款以快速获得资金支持，金融机构根据数据资产的价值、流动性等因素评估贷款额度和利率。例如，2024 年 3 月，为了充分激活县域特色产业的数据要素潜能，湖南新晃农村商业银行与开源数字科技集团、华南数字产业集团成功签订首例乡村振兴数据资产无抵押融资协议，开源数字科技集团凭借数据资产的价值获得湖南新晃农村商业银行 1 000 万元人民币授信额度。据了解，“新晃黄牛肉”是国家地理标志保护认证产品。近年，湖南省怀化市新晃侗族自治县大力发展特色黄牛养殖，随着养牛成本提高，养牛户防病防疫的压力加大。过去，在新晃侗族自治县 80%养殖的黄牛均购买了“活牛保”等保险产品，政府一年补贴投入超过千万元。在养殖过程中，若是一头牛死亡，不但养殖户遭受损失，保险公司也须赔付 5 000 元至 15 000 元不等。2022 年，该县就曾发生过一个月之内死亡数百头牛的情况，3 家保险公司赔付近千万元。因此，各方希望提前获取黄牛养殖过程中的健康及异常数据，识别养殖风险，以便提前介入，降低黄牛死亡概率，进而降低理赔风险和成本。鉴于此，2023 年 1 月 19 日，新晃侗族自治县人民政府与华南数字产业集团联手打造了数据产品“晃牛保”，该产品由华南数字产业集团提供技术支撑，由开源数字科技集团通过设置全面覆盖黄牛的养殖、繁育、屠宰、加工、交易等各环节、全链条的传感器，实时采集汇聚及属地化精细管理海量的黄牛产业大数据。新晃农村商业银行以开源数字科技集团黄牛特色产业全链条数据为质押物向其授信 1 000 万元无抵押融资（业务流程如图 7－1 所示）。又如，2023 年 10 月，山东罗克佳华科技有限公司凭借 2.71 吉字节区域性环境大气质量监测和服务数据，获得山东数据交易有限公司颁发的《数据资产登记证书》，成为山东省首家获得数据资产登记凭证的企业。据此，齐鲁银行为其增信 100 万元，成为山东省内首单涵盖数据资产登记、数据质量评价、数据价值评估、数据资产授信贷款全流程闭环的案例，为山东省数据价值化实现提供了可行路径（具体运作流程如图 7－2 所示）。

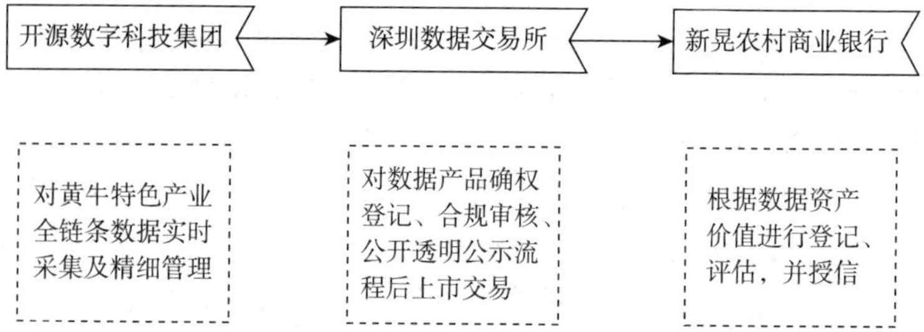

图 7－1　开源数字科技集团数据资产融资贷款流程

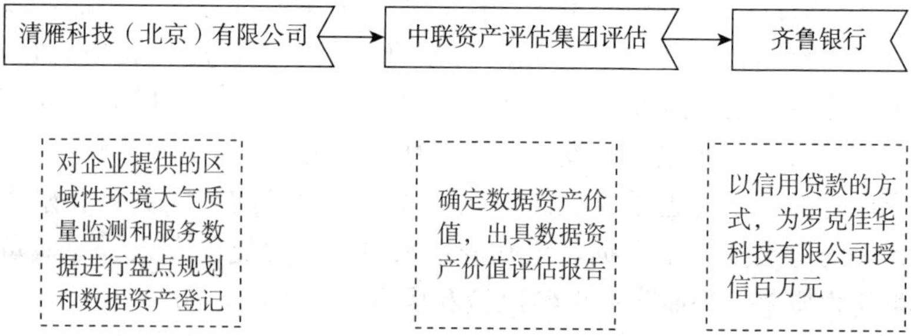

图 7－2　罗克佳华科技有限公司无质押数据资产增信贷款流程

三是数据资产信托。将数据资产作为信托财产由信托公司进行管理和运营，为数据持有者提供专业的投资、出租等资产管理服务，降低投资风险，同时获得稳定的收益。例如，2016 年 11 月，中航信托股份有限公司发行了国内首单总规模为 3 000 万元的基于数据资产的信托产品。该数据资产的委托人将自己持有的数据资产作为质押设立信托，中航信托作为受托人将数据资产现金收入按投资份额转让给信托的社会投资者。在信托资产运作过程中，数据服务商通过对特定数据资产运用增值并产生收益，在这个过程中既完成了资金的循环，也完成了数据资产信托财产的闭环（具体运作流程如图 7－3 所示）。

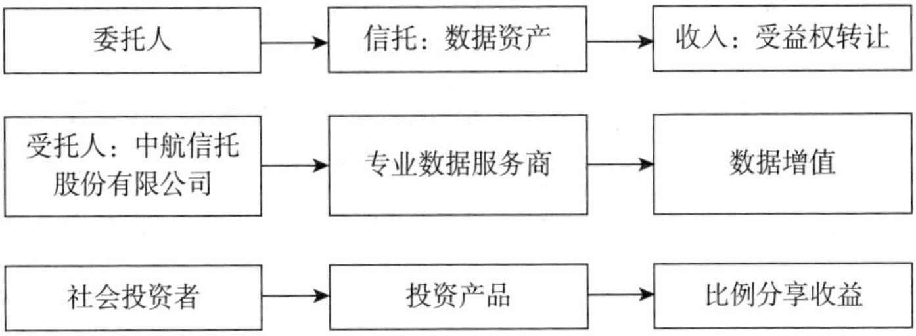

图 7－3　中航信托股份有限公司数据资产信托产品业务流程

四是数据资产保险产品。财产保险公司基于隐私计算、区块链等前沿数字技术，将科技企业研发、生产、销售等各个环节生成的各种数据进行确权，借助保险创新手段对数据价值进行评估，通过科技保险赋能保障数据资产，并帮助企业进行商业机密和核心技术的保护。例如，2023 年 4 月，中国人民财产保险股份有限公司西安分公司承保的国内首单数字资产保险在西安发布，该项目由数字资产保险创新中心牵头共同为西安五和新材料科技集团股份有限公司、中航创世机器人（西安）有限公司等首批 10 家高科技企业的数字资产提供共计 1 000 万元的财产保险，实现了数字资产保险创新“从 0 到 1”的突破。

六、推动数据资产应用的建议

随着数字经济时代的到来，数据资产的价值日益凸显，推动数据资产入表与商业银行信贷有机融合，对于扩大实体贷款投放、有效缓释信用风险，将发挥越来越重要的作用。今后，在推动数据资产应用的过程中商业银行应从如下几点入手：一是商业银行应加快推动数据资产信贷产品创新，针对有条件实现数据资产入表的企业，特别是专精特新企业，商业银行应在总结前期经验、学习借鉴同业做法的基础上，创新研发数据资产质押贷款产品，建立配套制度，细化业务流程。二是商业银行应加强数据资产质押信贷风险防控，统筹考虑数据资产价值评估、质押登记、质押率确定、处置变现等重点环节，明确主要风险点和防控措施，防范信贷风险。三是商业银行应在严格筛选后建立统一的评估服务供应商名单，规避评估价值不公允等风险，同时加大信贷人员培训力度，重点关注数据资产应用最新政策、数据资产交易机构情况、数据资产交易业务办理流程、市场主体数据资产价值评估合理性等内容，其中评估价值合理性需重点关注，如贷款主体项目可行性研究报告的数据合理性、政策风险、合同风险等。

参　考　文　献

巴曙松，2001. 国有银行民营化是中国银行业改革的重要内容［J］. 经济研究参考（23）：20-21.

巴曙松，金玲玲，朱元倩，2023. 信用风险标准法的变革及影响分析［J］. 清华金融评论（8）：20-23.

白云，2022. 金融科技助力防控信贷风险研究［J］. 中国市场（15）：51-53.

边鹏，2023. 商业银行技术驱动型金融风险研究［J］. 清华金融评论（3）：68-70.

蔡杨，罗帅，2024. 数字金融对商业银行信用风险的影响研究：基于净利差中介效应视角［J］. 金融科技时代（5）：13-18.

曹婷婷，2023. 中国黑色金属商品期货市场信息效率及溢出效应研究［M］. 北京：中国农业出版社.

曹婷婷，葛永波，2018. 中国金融扶贫的创新举措：以苹果“保险＋期货＋银行”为例［J］. 金融理论与实践（12）：90-96.

曹婷婷，葛永波，2022. 区域性银行数字银行建设现状及路径研究：基于AHP-模糊综合评价法的评估［J］. 征信（8）：79-86.

曹婷婷，葛永波，2022. 夜盘交易对我国黑色金属期货市场信息溢出效应研究［J］. 价格理论与实践（4）：137-140.

曾卉，2023. 互联网大数据营销：客户定位＋标签＋画像＋精准营销＋数据分析［M］. 北京：清华大学出版社.

曾康霖，2003. 民营银行：敏感而需要讨论的金融热点话题［J］. 财经论丛（1）：48-51.

曾筝，2011. 商业银行信用风险评估方法研究［J］. 计算机仿真（8）：372-375.

陈国可，2004. 商业银行信用风险管理研究［D］. 重庆：重庆大学.

陈红梅，2019. 互联网信贷风险与大数据［M］. 北京：清华大学出版社.

陈军君，吴红星，张晓波，等，2023. 大数据应用蓝皮书：中国大数据应用发展报告 NO.7（2023）[M]. 北京：社会科学出版社.
陈平，秦怡，2024. 收入分配差距与银行信用风险累积：基于企业部门杠杆的视角 [J/OL]. 南开经济研究（5）：1-19.
陈庆祥，2022. 银行金融科技发展对其经营效率的异质性影响 [D]. 北京：外交学院.
陈祥，张欣一，高晓燕，2024. 我国商业银行涉农贷款信用风险防控策略研究：以 G 商业银行为例 [J]. 产权导刊（5）：31-36.
陈耀庭，2012. 漳州台湾农民创业园特色农业的持续发展与诊断预警研究 [J]. 内蒙古农业大学学报（社会科学版）（2）：16-18，40.
陈永良，凌爱凡，2023. 数字金融对银行信贷的影响：来自我国 1326 家商业银行地级市分行数据的经验证据 [J]. 管理评论（2）：52-69.
程刚，王刚，2019. 商业银行信贷风险防控措施对央行金融风险监测的启示 [J]. 金融科技时代（12）：16-20.
程小轩，2022. 中国民营银行信用风险的度量研究 [D]. 贵阳：贵州财经大学.
迟国泰，张亚京，石宝峰，2016. 基于 Probit 回归的小企业债信评级模型及实证 [J]. 管理科学学报（6）：136-156.
代婉瑞，宋良荣，2022. 商业银行数字化转型与信用风险经济资本管理：研究综述与展望 [J]. 财会月刊（15）：130-137.
代婉瑞，宋良荣，2023. 银行数字化转型与信用风险缓释：基于经济资本新视角 [J]. 企业经济（12）：127-138.
邓薇，2010. 后危机时期我国中小企业融资问题的路径选择 [J]. 新金融（6）：58-61.
翟万里，2013. 基于人工神经网络的商业银行信用风险评估模型研究 [D]. 长沙：长沙理工大学.
董晓林，吴昌景，2008. 四大担保模式化解农民贷款难题 [J]. 农业经济问题（9）：35-40.
杜莉，刘铮，2022. 数字金融对商业银行信用风险约束与经营效率的影响 [J]. 国际金融研究（6）：75-85.
杜晓梦，2021. 大数据用户行为画像分析实操指南 [M]. 北京：电子工业出版社.
方劲，2006. 我国商业银行信用风险的成因、度量与管理 [D]. 广州：广东外语外贸大学.
冯佳伟，2019. XGBOOST 模型在信用评分卡中的应用 [D]. 大连：大连理工大学.
冯敬海，田婧，2016. 基于遗传算法KMV模型最优违约点确定［J］. 大连理工大学学报（2）：181-184.
冯珊珊，李永梅，2022. 区块链技术在供应链金融信用风险管理中的应用研究［J］. 征信（2）：59-65.
傅顺，裴平，孙杰，2023. 数字金融发展与商业银行信用风险：来自中国37家上市银行的经验证据［J］. 北京理工大学学报（社会科学版）(1)：145-155.
葛永波，曹婷婷，2017. 农产品价格风险管理新模式探析：基于棉花“保险＋期货”的案例分析［J］. 价格理论与实践（10）：119-121.
葛永波，曹婷婷，2017. 农商行小微贷款风险评估及其预警：基于经济新常态背景的研究［J］. 农业技术经济（9）：105-115.
葛永波，曹婷婷，2019. 我国衍生品市场投资者适当性管理制度体系解读及评价［J］. 武汉金融（5）：45-48.
葛永波，曹婷婷，陈磊，2020. 民营企业融资约束缓解：社会责任信息披露可以替代政治关联吗［J］. 山东社会科学（2）：73-80.
葛永波，曹婷婷，朱蓉，2019. 中国黑色金属期货市场分形特征的研究［J］. 价格理论与实践（1）：101-104.
工业和信息化部电子第五研究所，2024. 质量大数据：体系与应用［M］. 北京：电子工业出版社.
龚金国，罗焱，龚晓岑，等，2022. 包商银行事件对我国上市银行系统性风险的影响：基于Vine Copula SCCA半参数模型［J］. 统计研究（7）：87-100.
郭晔，未钟琴，方颖，2022. 金融科技布局、银行信贷风险与经营绩效：来自商业银行与科技企业战略合作的证据［J］. 金融研究（10）：20-38.
郭英见，2010. 基于信息融合的国有商业银行信用风险评估研究［D］. 哈尔滨：哈尔滨工业大学.
韩喜平，金运，2014. 中国农村金融信用担保体系构建［J］. 农业经济问题（3）：37-43.
何南西，黄旖旎，2016. 外资银行在华发展现状及竞争经营战略分析［J］. 中国商论（18）：84-85.
侯春霞，2018. 大数据背景下银行信用风险管理研究：以Z银行为例［J］. 区域金融研究（12）：75-82.

胡耿，2015. 农村信用社贷款的信用风险管理研究［D］. 广州：暨南大学.

胡江林，2021. 大数据技术在商业银行风险控制领域应用研究［D］. 长春：吉林财经大学.

胡悦，朱家明，2020. 基于多元回归及 RAROC 的我国上市商业银行经营绩效研究［J］. 保山学院学报（5）：89-94.

胡志浩，卜永强，2017. 信用风险的 GLMMs 建模分析［J］. 统计研究（8）：38-46.

黄丁聪，宋梦超，2022. 重新定义风控：从 0 到 1 建设小微信贷大数据智能风控体系［M］. 成都：西南财经大学出版社.

黄晓波，高晓莹，2015. 基于神经网络的企业财务危机预警研究：以制造业上市公司为例［J］. 会计之友（5）：30-34.

纪佃波，2024. 预期信用损失模型实施与银行信贷过度增长［J］. 金融监管研究（1）：21-41.

贾颖，赵峰，李博，等，2023. 贝叶斯优化的 XGBoost 信用风险评估模型［J］. 计算机工程与应用（20）：283-294.

姜富伟，薛浩，周明，2022. 大数据提升了多因子模型定价能力吗？——基于机器学习方法对我国 A 股市场的探究［J］. 系统工程理论与实践（8）：2037-2048.

蒋超，2011. 外资银行在华经营的主要风险及管理研究［D］. 成都：西南财经大学.

蒋海，唐绅峰，吴文洋，2023. 数字化转型对商业银行风险承担的影响研究：理论逻辑与经验证据［J］. 国际金融研究（1）：62-73.

蒋晓妍，阮素梅，左晓慧，2017. 民间金融服务机构向民营银行转变的模式与路径：以民间金融制度创新下的并轨发展为背景［J］. 经济问题（6）：39-43.

李朝辉，张明洁，杨帆，等，2023. 基于修正 KMV 模型的商业银行信用风险研究［J］. 金融发展研究（7）：89-92.

李晟，张宇航，2016. 中国上市商业银行信用风险分析及比较：基于 KMV 模型及面板数据［J］. 中央财经大学学报（10）：31-38.

李海涛，2020. 信用风险缓释工具制度设计研究［M］. 苏州：苏州大学出版社.

李红，徐雅梦，2017. 商业银行风险管理水平实证研究：基于 RAROC 模型［J］. 财会通讯（5）：112-115.

李慧敏，周书敬，2006. 基于自适应蚂蚁算法的房地产投资组合优化决策［J］. 基建优化（1）：60-63.

李文浩，蒋雪梅，2023. 基于 RAROC 模型的我国商业银行信用风险管理实证研究［J］. 经营与管理（10）：134-139.

李扬，2009. 论构建我国商业银行全面风险管理体系［D］. 北京：首都经济贸易大学.

梁龙跃，王浩竹，2023. 基于图卷积神经网络的个人信用风险预测［J］. 计算机工程与应用（17）：275-285.

梁琪，2005. 企业经营管理预警：主成分分析在 logistic 回归方法中的应用［J］. 管理工程学报（1）：100-103.

林·托马斯，乔纳森·克鲁克，大卫·埃德尔曼，2020. 信用评分应用（第二版）［M］. 李志勇，译. 北京：中国金融出版社.

林一帆，2019. 基于机器学习的信用评分模型研究［D］. 天津：天津商业大学.

林子雨，2021. 大数据技术原理与应用：概念、存储、处理、分析与应用（第 3 版）［M］. 北京：人民邮电出版社.

凌江怀，刘燕媚，2013. 基于 KMV 模型的中国商业银行信用风险实证分析：以 10 家上市商业银行为例［J］. 华南师范大学学报（社会科学版）(5)：142-148，209.

刘超，谢菁，李元睿，等，2022. 基于进化多目标软子空间聚类的商业银行企业客户信用风险识别［J］. 系统工程学报（2）：207-218.

刘恒屹，蒋子昂，2020. 新冠疫情背景下银行“无接触金融”发展现状与对策分析［J］. 金融科技时代（11）：97-100.

刘倩，2019. 基于数据挖掘技术的信用评分卡模型研究［D］. 武汉：华中科技大学.

刘荣弟，2018. 基于 logistic 回归的信用评分模型研究［D］. 大连：大连理工大学.

刘少波，梁晋恒，张友泽，2020. 大数据技术视阈下银行信贷风险防控研究［J］. 贵州社会科学（12）：121-128.

刘帅祺，2023. 商业银行互联网贷款信用风险评估及客户特征发现［D］. 北京：北京科技大学.

刘香，2024. 基于 SVM 模型的农村金融机构农户信用风险评价体系研究：以黑龙江省为例［J］. 市场周刊（7）：19-24.

刘晓曙，朱连磊，2023. 经济转型下的银行信用风险管理［J］. 银行家（1）：

52-54.
刘璇，张蕾，刘钟，等，2023. 基于数据挖掘技术的企业信用风险评估［J］. 山西财经大学学报（10）：89-91.
卢美婧，李玉娟，2024. ESG 评级对中小企业信用风险评估的影响研究：基于因子分析法和 Logistic 回归法［J］. 中国物价（6）：40-45.
卢永艳，王维国，2010. 基于面板 logit 模型的上市公司财务困境预测［J］. 数学的实践与认识（5）：37-43.
鲁皓，韦怡，焦柳丹，2023. 基于 GA-BP 神经网络的信用卡贷后风险评级模型与实证［J］. 运筹与管理（6）：192-198.
吕慧如，吴凯诗，吴宇章，2024. 基于 XGboost 模型的农业供应链金融信用风险测度研究［J］. 科技和产业（4）：63-67.
马亚明，马丽敏，于博，2024. 数字化转型能够降低银行信用风险吗？——基于交叠 DID 模型的实证检验［J］. 现代财经（3）：3-18.
Moran Feldman，2024. 大数据算法［M］. 祝全亮，孙琳，译．北京：北京航空航天大学出版社．
倪显情，2017. 基于数据挖掘技术的信用评分卡模型［D］. 苏州：苏州大学．
庞淑娟，2015. 大数据在银行信用风险管理中的应用［J］. 征信（3）：90-98.
彭艳玲，彭一杰，周红利，2024. 基于机器学习的农户农地经营权抵押贷款信用风险识别及其损失度量［J］. 系统工程理论与实践（6）：1-17.
屈忠锋，吴鸿华，李凡军，2024. 基于 Logistic 回归的中小企业信贷风险评估与信贷策略优化建模［J/OL］．山东大学学报（理学版）：1-9.
任俊宇，2019. 商业银行信用风险评价指标体系创新研究［D］. 长沙：湖南大学．
任韬，刘帅，2022. 大数据预处理：基于 Python 的应用［M］. 北京：首都经济贸易大学出版社．
邵科，马天娇，杨燊荣，2024. 美国中小银行风险研判［J］. 中国金融（10）：84-86.
邵黎，张仿龙，陈俊，等，2020. 基于商业银行视角的大数据信贷风控研究［J］. 国际金融（11）：50-55.
施雨水，李江源，王艳超，2017. 我国民营银行特有风险与风险管理［J］. 现代管理科学（7）：45-47.
宋欢欢，2017. 大数据在银行信用风险管理中的实践探索［J］. 企业改革与管理（12）：65.

宋敏，2005. 中国银行业脆弱性、测度及其效率改进［D］南京：河海大学.
宋遂周，汪彤，2009. 企业财务困境预警模型分析［J］. 北京邮电大学学报（社会科学版）(3)：72-75.
孙瑾，许青松，陈燕燕，2008. 基于遗传算法和支持向量机的银行个人信用评估［J］. 统计与决策（12）：126-128.
唐婷，黎明，2022. 大数据环境下的逻辑回归算法分析与研究［J］. 数据库系统设计（17）：178-181.
田婧，2015. 基于遗传算法的 KMV 模型最优违约点的确定［D］. 大连：大连理工大学.
田茂再，2023. 基于大数据的经济形势监测预测理论与方法［M］. 北京：清华大学出版社.
王春峰，苏荔，黄庆明，2018. 基于卷积神经网络的时空融合的无参考视频质量评价方法［J］. 中国科学院大学学报（4）：544-549.
王荭，刘昱沛，2018. 基于违约概率测度的商业银行预期信用损失模型应用研究［J］. 武汉金融（8）：65-68.
王坚，戴毅茹，凌卫青，2023. 工业大数据与知识图谱［M］. 北京：清华大学出版社.
王婧，2017. 基于 BP 神经网络的商业银行信用风险评估研究［D］. 呼和浩特：内蒙古财经大学.
王军伟，2017. 风控：大数据时代下的信贷风险管理和实践［M］. 北京：电子工业出版社.
王磊，范超，解明明，2014. 数据挖掘模型在小企业主信用评分领域的应用［J］. 统计研究（10）：89-98.
王璐，2023. 城市商业银行信用风险识别与防控［D］. 沈阳：沈阳工业大学.
王天擎，刘小清，2014. 商业银行的个人信用评估研究：基于 PCA-GA-BP 算法［J］. 价值工程（31）：161-163.
王晓明，岳峰，2014. 发达国家推行大数据战略的经验及启示［J］. 学习与探索（12）：94-98.
王馨漫，2019. 基于大数据的商业银行信用风险管理系统构建研究［D］. 北京：中国财政科学研究院.
王星，2019. 基于大数据的商业银行信用风险管理研究［D］. 石家庄：河北地质大学.
王莹，2020. 中小商业银行信用风险识别与规避研究［D］. 长春：吉林财经

大学 .

王志刚，2009. 中国商业银行风险的实证分析及监管对策研究［D］. 长春：吉林大学 .

卫梦洁，李静萍，2024. 数字普惠金融对商业银行信用风险的影响：基于存款和贷款结构的联合视角［J］. 经济问题（2）：32-40.

魏国雄，2016. 大数据与银行风险管理［J］. 中国金融（15）：25-27.

魏歆盈，2021. 平安银行信用风险管理研究［D］. 长春：吉林大学 .

温泉，2016. 农村商业银行信贷风险防控研究—以 A 市信贷管理为例［J］. 经济研究导刊（4）：74-77，90.

温涛，冉光和，王煜宇，等，2004. 农户信用评估系统的设计与运用研究［J］. 运筹与管理（8）：82-87.

吴冲，刘佳明，郭志达，2018. 基于改进粒子群算法的模糊聚类：概率神经网络模型的企业财务危机预警模型研究［J］. 运筹与管理（2）：106-114，132.

吴晶妹，张颖，唐勤伟，2010. 基于农户信用特征的 WU’s 三维信用评价模型研究［J］. 财贸经济（9）：22-28，63.

吴正良，陈辉华，刘殿兴，等，2022. 证券行业图神经网络应用探索［J］. 信息技术与标准化（12）：52-62，68.

伍洁，陈迪芳，李瑞彤，2024. 基于 XGBoost 和 SHAP 方法的个人信贷风险评估研究［J］. 现代信息科技（8）：146-150，155.

夏商周，2019. 基于 WOE-Logistic 信用评分卡违约预测模型的网贷平台价值优化方法［D］. 武汉：华中师范大学 .

夏阳，顾新，2012. 科技型中小企业的知识产权投融资风险管理［J］. 科学学与科学技术管理（9）：98-104.

谢德仁，史学智，2023. 地区汇总的庞氏利息程度变化与商业银行不良贷款预测［J］. 金融研究（8）：55-73.

许美玲，齐晓娜，李倩，2014. 基于 BP 神经网络的村镇银行信用风险预警模型的构建［J］. 河南科技（22）：15-16.

许佩，2017. 商业银行个人信用评分系统的优化研究［D］. 哈尔滨：哈尔滨工业大学 .

许文，朱天星，徐明圣，2012. 商业银行信用风险评级理论及相关模型研究［M］. 北京：中国金融出版社 .

严晴，徐海燕，2024. 基于混合式 SMOTE 和 RF 模型的小额贷款公司客户信用风险研究［J］. 运筹与管理（1）：191-197.
岩峰，2017. 大数据技术在银行贷后管理中的应用分析［D］. 乌鲁木齐：新疆大学.
阎庆民，2003. 中国银行业风险的评估及预警系统研究［D］. 重庆：重庆大学.
杨晨，2018. 基于 COSO 控制五要素的商业银行信用风险控制探究：以中国建设银行 ZZWB 支行为例［J］. 中国商论（5）：32-33.
杨德杰，2019. 基于深度学习的个人信用风险评估研究［D］. 北京：中央财经大学.
杨子晖，陈雨恬，李东承，2024. 信用风险传染效应与外溢冲击研究［J］. 经济研究（5）：41-58.
杨子晖，王姝黛，孙琳，2024. 中国金融机构的行业布局与系统性金融风险［J/OL］. 世界经济（6）：95-123.
姚德权，张宏亮，黄学军，2015. 基于变结构 KMV 模型的商业银行风险承担度量研究［J］. 中国软科学（11）：109-122.
叶征，2019. 银行信用风险计量实战［M］. 北京：中国人民大学出版社.
殷雷，2003. 中国商业银行竞争力研究［D］. 成都：西南财经大学.
游宗君，程小轩，2022. KMV 修正模型的演绎逻辑：一个文献综述［J］. 当代经济（4）：17-22.
于海浩，刘志坤，韩咏，等，2022. 大数据技术入门：Hadoop+Spark［M］. 北京：清华大学出版社.
于立勇，2007. 商业银行信用风险评估：一种实证模型的探讨［M］. 北京：北京大学出版社.
于增元，2021. 新时代乡村旅游专业人才培养［M］. 北京：中国社会科学出版社.
虞伟健，2024. 大数据环境下农商行信用风险评估研究：基于决策树和神经网络相融合视角［J］. 中国内部审计（4）：82-88.
袁先竹，2024. 数字金融对商业银行信用风险的影响研究：基于 KMV 模型的实证分析［J］. 对外经贸（5）：70-75.
云佳祺，2023. 风险分类新规对商业银行的影响及应对建议［J］. 银行家（7）：51-53.
张聪，曹文琪，张俊杰，等，2023. 大数据分析：预测建模与评价机制［M］. 北京：清华大学出版社.
张迪，2019. 我国商业银行绿色信贷风险评估研究：基于模糊层次分析法和

BP 神经网络算法［J］. 山西农经（5）：147-148.
张宏伟，徐海威，2010. 供应链中最优供应商选择分析［J］. 物流科技（7）：63-65，110.
张培强，2011. 信用卡客户的分类研究［J］. 生产力研究（4）：87-88.
张蕊，2020. 新时期我国商业银行的业务转型与信用风险研究［D］. 南昌：江西财经大学.
张顺凯，2020. 基于图卷积神经网络模型的信用风险预测研究［D］. 天津：天津大学.
张新红，王瑞晓，2011. 我国上市公司信用风险预警研究［J］. 宏观经济研究（1）：50-54.
张智瑶，2024. 数字经济下商业银行信用风险管理的对策［J］. 经济研究导刊（5）：68-70.
张宗新，周聪，2024. 基于机器学习的信用债流动性风险预警研究［J］. 国际金融研究（5）：74-85.
赵兴朝，2022. 消费信贷场景下个人信用风险评估方法与应用研究［D］. 成都：西南财经大学.
赵志冲，2017. 基于违约损失率的小企业信用风险评级研究［D］. 大连：大连理工大学.
赵志宏，2019. 敏捷银行：金融供给侧蝶变［M］. 北京：中国金融出版社.
赵志宏，2023. 敏捷银行的实践：以创新为第一动力［M］. 北京：中国金融出版社.
周明栋，2018. 农户信用贷款治理机制与履约特征研究：基于信用村建设案例分析［J］. 征信（12）：27-32.
周芮帆，2024. 基于 LSSVM 模型的我国信用债风险预警研究［J］. 金融监管研究（6）：75-92.
周学东，2020. 中小银行金融风险主要源于公司治理失灵：从接管包商银行看中小银行公司治理的关键［J］. 中国金融（15）：19-21.
朱小能，李雄一，2022. 金融科技与银行信用风险：加剧还是降低［J］. 山西财经大学学报（11）：39-52.
左东林，2024. 供应链金融下中小企业信用风险评估［D］. 济南：山东财经大学.
Abaidi J. H. , Amir H. , 2022. How does human capital efficiency impact credit risk? the case of commercial banks in the GCC[J]. The Journal of Risk Finance(5):639-651.

Ahmadyan A. , 2018. Measuring Credit Risk Management and its Impact on Bank Performance in Iran[J]. Marketing and Branding Research(3):14573.

Altman E. I. ,Saunders A. ,1997. Credit Risk Measurement:Developments over the Last 20 Years[J]. Journal of Banking & Finance(11-12):1721-1742.

Berg T. ,Burg V. ,Gombovic A. ,2020. On the rise of FinTechs:credit scoring using digital footprints[J]. The Review of Financial Studies(7):2845-2897.

Bill F. ,2012. Taming the Big Data Tidal Wave:Finding Opportunities in Huge Data Streams with Advanced Analytics[M]. New Jersey:Wiley & SAS Business Series.

Chen Z. B. , Jin M. C. , 2017. Financial Inclusion in China: Use of Credit [J]. Journal of Family and Economic Issues(4):528-540.

Cheng M. Y. , Qu Y. , 2020. Does bank FinTech reduce credit risk? Evidence from China[J]. Pacific-Basin Finance Journal(63):101398.

Chinoda T. ,Kapingura F. M. ,2023. The impact of digital financial inclusion and bank competition on bank stability in Sub-Saharan Africa[J]. Economies(1):1-12.

Hengguo Zhang,Tingting Cao,Houxuan Li,et al. ,2021. Dynamic measurement of news-driven information friction in China's Carbon market:Theory and evidence[J]. Energy Economics(95):104994.

Hodula M. ,2022. Does fintech credit substitute for traditional credit? Evidence from 78 countries[J]. Finance Research Letters(46):102469.

Malovana S. , Tesarova Z. ,2022. Banks' Credit Losses and Provisioning Over the Business Cycle: Implications for IFRS 9[M]. Review of Economic Perspectives(22):53-74.

Manyika J. ,Chui M. ,Brown B. ,2011. Big data:The next frontier for innovation,competition and productivity[J]. Analytics(5):1-137.

Oberson R. ,2021. The Credit-risk Relevance of Loan Impairments under IFRS 9 for CDS Pricing:Early Evidence[J]. European Accounting Review(30):959-987.

Scarselli F. ,Gori M. ,Tsoi A. C. ,2008. The graph neural network model[J]. IEEE Transactions on Neural Networks(1):61-80.

Viktor M. ,2013. Big Data: A Revolution That Will Transform How We Live, Work and Think[M]. New York:Eamon Dolan.

Yongbo Ge., Tingting Cao., Ruchuan Jiang, et al., 2019. Does China Iron Ore Futures have price discovery function? Analysis based on the VECM and state-space perspective[J]. Journal of Business Economics and Management (6):1083-1101.

后　记

作为近年最热门的信息技术之一，大数据技术得到了深入研究和广泛应用，目前金融领域的大数据技术应用已成为最成熟的商业应用领域之一。在信贷风险控制领域，传统商业银行偏于保守，所应用的风险控制模型相对封闭、滞后，成为应对激烈市场竞争的掣肘。面对来自国内互联网金融科技公司的挑战和外资银行的竞争，为赢得更多的客户与市场份额，在信贷业务领域我国传统商业银行正进行着最深刻的转型。商业银行的信贷风险管理水平关系到金融稳定发展，利用大数据技术来提高商业银行的信贷风险管理水平是必然趋势。

在大数据技术背景下，商业银行信用风险管理面临着前所未有的机遇和挑战。随着数字经济的迅猛发展，商业银行的业务规模不断扩大，但同时也使得信贷风险管理的复杂性和风险性增加。传统的信贷风险管理模式已经不能完全满足金融市场的需求，特别是在信息获取、风险评估和预警机制方面存在明显不足。因此，基于大数据技术的商业银行信用风险识别及预警成为业界关注的焦点之一。通过大数据技术的应用，商业银行可以更加准确地评估客户信用风险，实现精准营销和风险管控，从而降低不良贷款率，提高金融市场的稳定性和可持续发展性。因此，深入研究基于大数据技术的商业银行信用风险识别及预警对于促进金融行业的创新发展和风险管理水平的提升具有重要意义。

2020 年 10 月至 2023 年 2 月，我在山东大学博士后科研流动站和威海市商业银行博士后科研工作站从事博士后研究工作，在站期间恰逢威海市商业银行数字化转型及数字银行建设的重大战略规划期，信用风险管理的数字化是数字化转型中重要一环。在两年多的博士后研究工作当中，我的合作导师——山东大学黄少安教授、威海市商业银行监事会主席张仁钊先生支持我聚焦大数据视角下的商业银行风险管理问题，为我的博士后研究工作给予了高屋建瓴的指导，让我能够跳出理论思维定式，以更加宏观、与实践相结合的视角去探索问题的本质。带着对上述问题的求证，我在博士后研究工作期间孜孜不倦地求索，为本书的成稿奠定了重要基础。在本书成稿交付之际，感谢山东财经大学会计学院院长葛永波教授、山东大学经济研究院张恒国研究员、威海市商业银行战略管理部吴海红总经理，感谢曾经鼓励我、支持我，给我启发和帮助的各位同事、朋友。在本书写作过程中，我参阅了大量国内外学者的研究文献，各位作者的名字已经在本书的参考文献中逐条列出，引用不当或遗漏之处敬请各位专家指正。衷心感谢潍坊科技学院各位领导、同事对本书提出的宝贵修改意见，感谢潍坊科技学院SKRC2019003号校级课题对本书出版发行提供的相关费用支持。感谢中国农业出版社编辑的辛苦付出。

曹婷婷

2024年3月